U0554865

云山珠水间

考古发现的广州

上

广州市文物考古研究院
南汉二陵博物馆 编著

文物出版社

图书在版编目（CIP）数据

云山珠水间：考古发现的广州 / 广州市文物考古研究院，南汉二陵博物馆编著. -- 北京：文物出版社，2024.5

ISBN 978-7-5010-7853-0

Ⅰ. ①云… Ⅱ. ①广… ②南… Ⅲ. ①考古发现—广州—图录 Ⅳ. ①K872.651.2

中国版本图书馆CIP数据核字(2022)第204748号

审 图 号：GS（2024）1559号

云山珠水间——考古发现的广州

编　　著：广州市文物考古研究院
　　　　　南 汉 二 陵 博 物 馆

器物摄影：张　冰
责任编辑：彭家宇
责任校对：赵　宁
责任印制：张　丽

出版发行：文物出版社
社　　址：北京市东城区东直门内北小街2号楼
邮　　编：100007
网　　址：http://www.wenwu.com
经　　销：新华书店
印　　刷：北京荣宝艺品印刷有限公司
开　　本：889mm×1194mm　1/16
印　　张：30.5
版　　次：2024年5月第1版
印　　次：2024年5月第1次印刷
书　　号：ISBN 978-7-5010-7853-0
定　　价：680.00元（全二册）

本书版权独家所有，非经授权，不得复制翻印

南汉二陵博物馆丛书编辑委员会

主　　任：张强禄

副主任：黄洪流　　林冠男　　朱明敏

委　　员（以姓氏笔画为序）：

　　　　邝桂荣　　吕良波　　朱明敏　　闫晓青

　　　　张强禄　　陈　馨　　林冠男　　黄洪流

《云山珠水间——考古发现的广州》

主　　编：易西兵

执行主编：陈　馨

编　　务：李雨珈　　肖　洵　　王如诗　　黄　婷

　　　　　郑立华

供　　图：易西兵　　张强禄　　关舜甫　　郑立华

　　　　　曹耀文　　吕良波　　邝桂荣　　王　慧

　　　　　饶　晨　　李克义　　柳永雷　　莫慧旋

　　　　　龙丽朵　　黄兆强　　韩继普　　胡丽华

展览工作团队

学术委员会	王　强	邝桂荣	吕良波	朱明敏　朱海仁
	闫晓青	张强禄	陈　馨	易西兵
展览总策划	韩维龙	朱海仁		
展 览 策 划	易西兵	张强禄		
展 览 统 筹	易西兵			
策 　展　 人	陈　馨			
大 纲 编 写	陈　馨			
文 物 筹 备	陈　馨	苏　漪	肖　洵	邝桂荣　黄　婷
文 物 保 护	吕良波	袁琳芳	蒋礼凤	刘　霞
文 物 说 明	陈　馨	肖　洵		
文 字 校 对	王如诗	李雨珈		

陈 列 布 展	陈　馨	王斯宇	苏　漪	肖　洵	郑立华　孙玉霞
	唐梵婷	曹耀文	程　浩	宋中雷	黄　浩　张百祥
	吕良波	邝桂荣	龙丽朵	黄　婷	莫慧旋　朱明敏
	吴妙妆	熊友华	冯炳根	容　健	蚁东熙　关舜甫
	林莉琼	陈建彤	郭怡乐	黄嘉铭	

宣 传 推 广	孙玉霞	肖　洵

目 录

Preface

Guangzhou, located at the estuary of the Pearl River, one of the three major water systems in China, faces the blue ocean in the south and open plains in the north .

In the pre-Qin period, five or six thousand years ago, there were human beings living together in Guangzhou and its vicinity near the rivers and seas and created open and unique cultures.

In 214 B.C., Qin dynasty unified the Lingnan area and built Panyu City. In 226 A.D., Kingdom Wu of the Three Kingdoms divided Jiaozhou City and established Guangzhou City, when the city got its name. It's rare all over the world that the city address and center have never changed over 2200 years, as it has been surrounded by the Pearl River and protected by the Baiyun Mountain.

Since the founding of the city, the economic and trade exchanges, technological and cultural exchanges, and peaceful personnel exchanges between Guangzhou and other parts of the world carried out through sea routes have lasted for more than 2200 years, which made it an important port and commercial city in the eastern end of the Maritime Silk Road as well as the key window of the mutual exchange and learning between Chinese and western civilizations.

Let's look back into the history of the human civilization of 6000 years in Guangzhou through archaeological discoveries.

前 言

广州，地处中国三大水系之一的珠江入海口，南临大海，北通中原。

距今五六千年前，广州地区已经有人类聚居，先民们逐水而居，向海而生，创造出开放开拓的地域文化。

公元前214年，秦统一岭南，建蕃禺城。公元226年，三国东吴分交州置广州，"广州"得名。云山护佑、珠水环绕的广州城，2200多年来城址未移、中心无改，世界罕见。

建城以来，广州通过海路与世界各地开展经济贸易交往、技术文化交流及人员和平往来活动，联通中国与世界，2200余年从未中断，成为海上丝绸之路东端的重要港口商业都会，是中西方文明交流互鉴的重要窗口。

让我们通过考古发现，去欣赏广州六千年的人文历史画卷。

In the south of Jiuyi Mountain, there are few roads but lots of waters. To resemble animals with squamae there, the natives tattooed themselves with hair dishevelled; to swim and row fast in the water, they wore short-sleeve shirts or rolled up their sleeves.

—Huai Nan Zi, Basic Taoism (Huai Nan Zi· Yuan Dao Xun) by Liu An of Han

From Jiaozhi to Kuaiji with a distance of seven to eight thousand Li (3,500-4000 meters), resideed Yue people with hundreds of surnames.

—Book of Han, Treatise on Geography by Ban Gu of Eastern Han

There are few historical records about pre-Qin period in Guangzhou. Luckily, archaeological surveys have discovered remains of human activities around Lvtian Basin in Conghua district in the north, Zengjiang River in the east, the Pearl River Estuary in the south and Xinshi in Baiyun district in the west from the Neolithic to the Bronze Age. It confirms that human activities in Guangzhou date back to about 5 or 6 thousand years ago.

九疑之南，陆事寡而水事众，于是民人被发文身，以像鳞虫；短绻不绔，以便涉游；短袂攘卷，以便刺舟。

——（汉）刘安《淮南子·原道训》

自交趾至会稽七八千里，百越杂处，各有种姓，不得尽云少康之后也。

——（汉）班固《汉书·地理志》颜师古注引臣瓒曰

关于广州地区先秦时期的文献记载几近阙如。所幸，考古遗存为我们部分再现了先秦时期的人类社会面貌。北至从化吕田盆地、东至增江流域、南至珠江口西岸、西至白云新市，考古发现的新石器时代文化遗存，将广州地区的人类历史上溯至距今五六千年前。

第一部分 曙光肇启（先秦时期）

The Dawn of Lingnan (pre-Qin period)

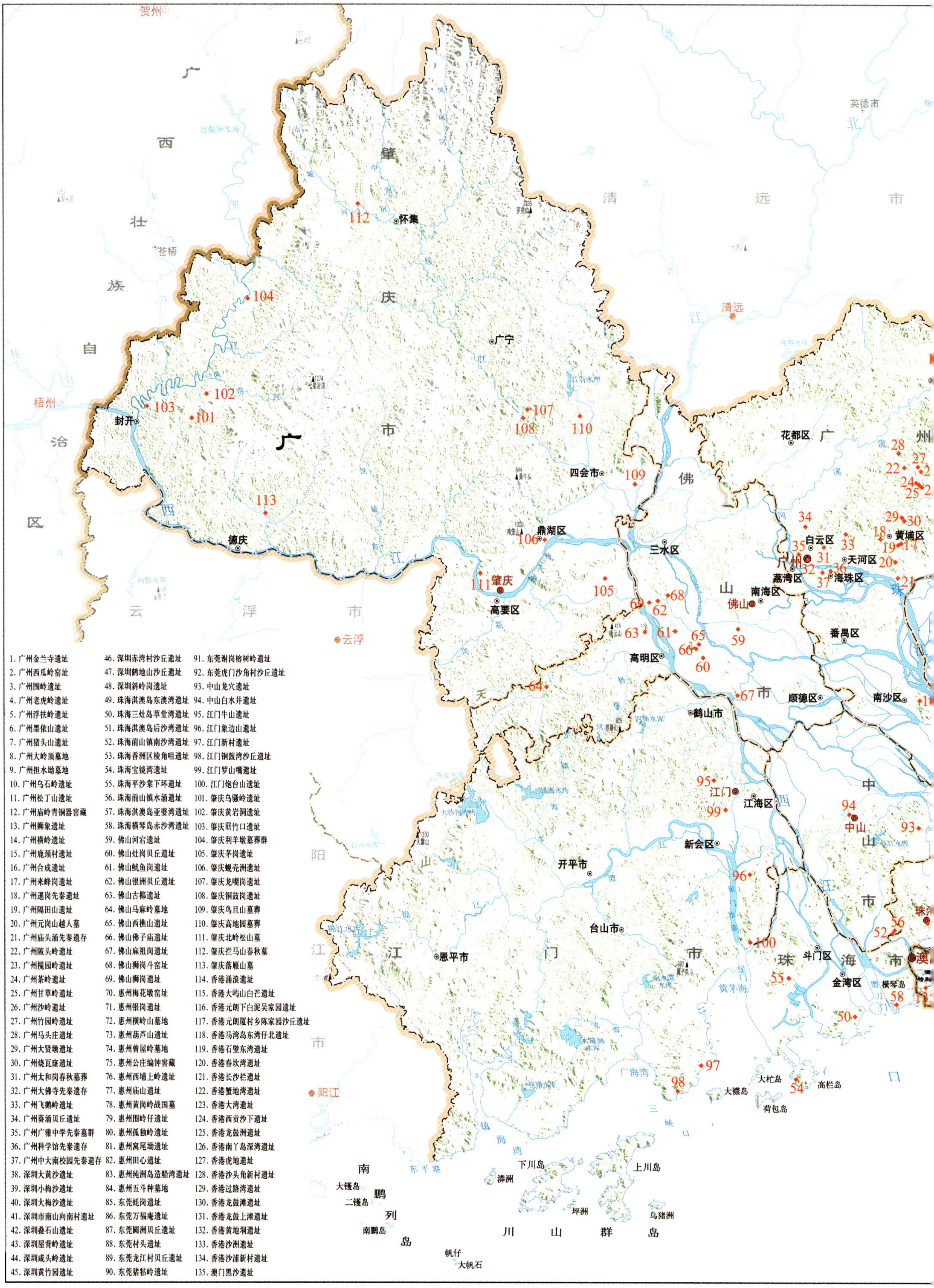
贺州
广西壮族自治区
梧州
封开
德庆
怀集
广宁
四会市
鼎湖区
肇庆
高要区
肇庆市
清远
清远市
英德市
云浮
云浮市
阳江
阳江市
佛山
佛山市
三水区
南海区
高明区
顺德区
广州
花都区
白云区
黄埔区
天河区
荔湾区
海珠区
番禺区
南沙区
江门
江门市
江海区
新会区
开平市
鹤山市
台山市
恩平市
中山
中山市
珠海
珠海市
斗门区
金湾区
横琴岛
西江
珠江口
广海湾
黄茅海
镇海湾
下川岛
上川岛
大杧岛
高栏岛
荷包岛
大襟岛
南鹏列岛
大镬岛
二镬岛
南鹏岛
川山群岛
浪洲
坪洲
乌猪洲
帆仔
大帆石
1. 广州金兰寺遗址
2. 广州西瓜岭窑址
3. 广州围岭遗址
4. 广州老虎岭遗址
5. 广州浮扶岭遗址
6. 广州墨依山遗址
7. 广州猪头山遗址
8. 广州大岭顶墓地
9. 广州担水坳墓地
10. 广州乌石岭遗址
11. 广州松丁山遗址
12. 广州庙岭青铜器窖藏
13. 广州狮象遗址
14. 广州横岭遗址
15. 广州鹿颈村遗址
16. 广州合成遗址
17. 广州来峰岗遗址
18. 广州暹岗先秦遗址
19. 广州隔田山遗址
20. 广州元岗山越人墓
21. 广州庙头涌先秦遗存
22. 广州陂头岭遗址
23. 广州榄园岭遗址
24. 广州茶岭遗址
25. 广州甘草岭遗址
26. 广州沙岭遗址
27. 广州竹园岭遗址
28. 广州马头庄遗址
29. 广州大贤墩遗址
30. 广州烧瓦寮遗址
31. 广州太和岗春秋墓葬
32. 广州大佛寺先秦遗存
33. 广州飞鹅岭遗址
34. 广州葵涌贝丘遗址
35. 广州广雅中学先秦墓群
36. 广州科学馆先秦遗存
37. 广州中大南校园先秦遗存
38. 深圳大黄沙遗址
39. 深圳小梅沙遗址
40. 深圳大梅沙遗址
41. 深圳市南山向南村遗址
42. 深圳叠石山遗址
43. 深圳屋背岭遗址
44. 深圳咸头岭遗址
45. 深圳黄竹园遗址
46. 深圳赤湾村沙丘遗址
47. 深圳鹤地山沙丘遗址
48. 深圳斜岭岗遗址
49. 珠海淇澳岛东澳湾遗址
50. 珠海三灶岛草堂湾遗址
51. 珠海淇澳岛后沙湾遗址
52. 珠海前山镇南沙湾遗址
53. 珠海香洲区棱角咀遗址
54. 珠海宝镜湾遗址
55. 珠海平沙棠下环遗址
56. 珠海前山镇水涌遗址
57. 珠海淇澳岛亚婆湾遗址
58. 珠海横琴岛赤沙湾遗址
59. 佛山河宕遗址
60. 佛山灶岗贝丘遗址
61. 佛山鱿鱼岗遗址
62. 佛山银洲贝丘遗址
63. 佛山古椰遗址
64. 佛山马麻岭墓地
65. 佛山西樵山遗址
66. 佛山佛子庙遗址
67. 佛山麻祖岗遗址
68. 佛山狮岗斗窑址
69. 佛山狮岗遗址
70. 惠州梅花墩窑址
71. 惠州银岗遗址
72. 惠州横岭山墓地
73. 惠州葫芦山遗址
74. 惠州曾屋岭墓地
75. 惠州公庄编钟窖藏
76. 惠州西埔上岭遗址
77. 惠州庙山遗址
78. 惠州黄岗岭战国墓
79. 惠州围岭仔遗址
80. 惠州孤独岭遗址
81. 惠州窝尾坳遗址
82. 惠州田心遗址
83. 惠州纯洲岛造船湾遗址
84. 惠州五斗种墓地
85. 东莞蚝岗遗址
86. 东莞万福庵遗址
87. 东莞圆洲贝丘遗址
88. 东莞村头遗址
89. 东莞龙江村贝丘遗址
90. 东莞猪牯岭遗址
91. 东莞谢岗榕树岭遗址
92. 东莞虎门沙角村沙丘遗址
93. 中山龙穴遗址
94. 中山白水井遗址
95. 江门牛山遗址
96. 江门象边山遗址
97. 江门新村遗址
98. 江门铜鼓湾沙丘遗址
99. 江门罗山嘴遗址
100. 江门炮台山遗址
101. 肇庆乌骚岭遗址
102. 肇庆黄岩洞遗址
103. 肇庆簕竹口遗址
104. 肇庆利羊墩墓葬群
105. 肇庆茅岗遗址
106. 肇庆蚬壳洲遗址
107. 肇庆龙嘴岗遗址
108. 肇庆铜鼓岗遗址
109. 肇庆鸟旦山墓葬
110. 肇庆高地园墓葬
111. 肇庆北岭松山墓
112. 肇庆拦马山春秋墓
113. 肇庆落雁山墓
114. 香港涌浪遗址
115. 香港大屿山白芒遗址
116. 香港元朗下白泥吴家园遗址
117. 香港元朗厦村乡陈家园沙丘遗址
118. 香港马湾岛东湾仔北遗址
119. 香港石壁东湾遗址
120. 香港春坎湾遗址
121. 香港长沙栏遗址
122. 香港蟹地湾遗址
123. 香港大湾遗址
124. 香港西贡沙下遗址
125. 香港龙鼓洲遗址
126. 香港南丫岛深湾遗址
127. 香港虎地遗址
128. 香港沙头角新村遗址
129. 香港过路湾遗址
130. 香港龙鼓滩遗址
131. 香港龙鼓上滩遗址
132. 香港黄地垌遗址
133. 香港沙洲遗址
134. 香港沙浦新村遗址
135. 澳门黑沙遗址

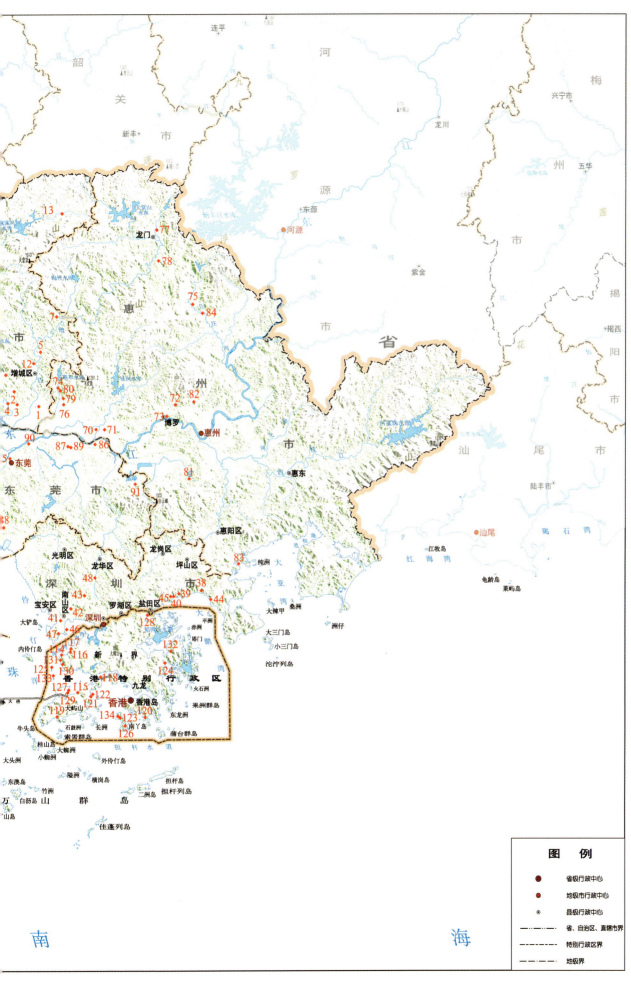

粤港澳大湾区先秦遗址分布略图

珠江三角洲先秦文明

　　著名考古学家严文明先生指出，中国各区域早期文明形成了"重瓣花朵式"的格局。中华文明多元一体，珠江三角洲在中华文明发展进程中积极交流互动。黄埔甘草岭遗址出土的玉琮、茶岭遗址出土的水稻遗存等就是文明交流互动的实证。

广州地区先秦遗址

　　1954年，考古人员在中山大学校园内马岗顶采集到石斧、石镞等遗物，这是广州辖区内第一次发现夏商时期文化遗存。70年来，广州地区考古发掘了50余处先秦遗址，调查发现了近千处的先秦文化遗存，展现了先秦时期广州地区人们的生产、生活面貌与社会文明化进程。

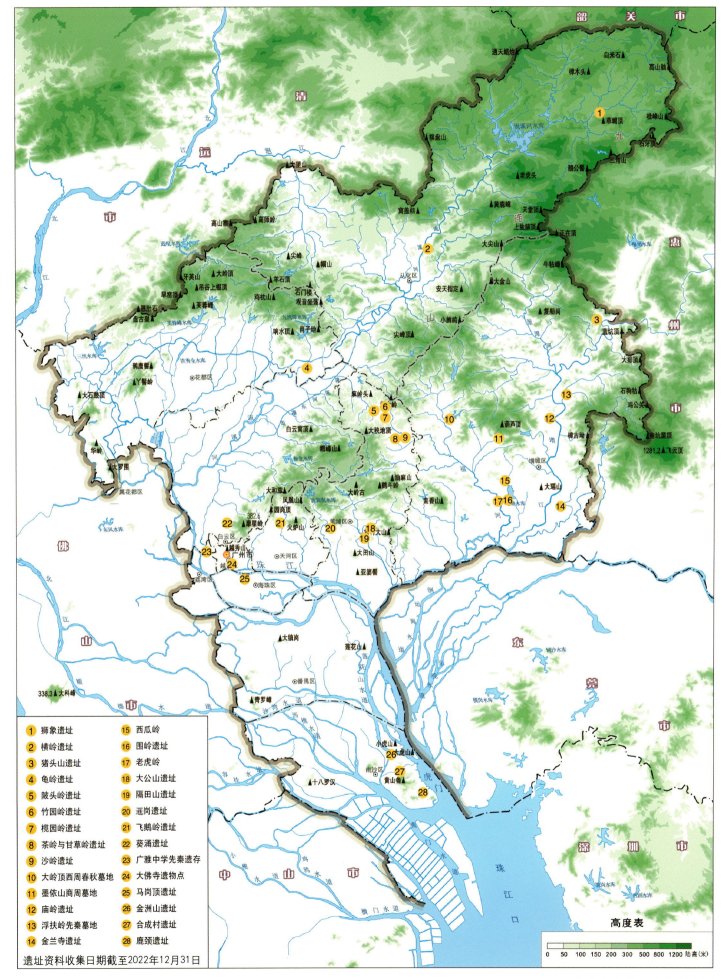

遗址资料收集日期截至2022年12月31日

① 狮象遗址		⑮ 西瓜岭	
② 横岭遗址		⑯ 围岭遗址	
③ 猪头山遗址		⑰ 老虎岭	
④ 龟岭遗址		⑱ 大公山遗址	
⑤ 陂头岭遗址		⑲ 隔田山遗址	
⑥ 竹园岭遗址		⑳ 遥岗遗址	
⑦ 榄园岭遗址		㉑ 飞鹅岭遗址	
⑧ 茶岭与甘草岭遗址		㉒ 葵涌遗址	
⑨ 沙洲遗址		㉓ 广雅中学先秦遗存	
⑩ 大岭顶西周春秋墓地		㉔ 大佛寺遗物点	
⑪ 墨依山商周墓地		㉕ 马岗顶遗址	
⑫ 庙岭遗址		㉖ 金洲山遗址	
⑬ 浮扶岭先秦墓地		㉗ 合成村遗址	
⑭ 金兰寺遗址		㉘ 鹿颈遗址	

高度表

| 0 | 50 | 100 | 150 | 200 | 300 | 500 | 800 | 1200 | 陆高(米) |

广州市先秦遗址分布略图

第一单元

先民足迹（新石器时代—商）

这一时期的遗址多发现于环珠江口地区的增江流域、流溪河流域以及近海岛屿上，先民们选择在山岗、台地、沙丘等不同地理环境生活，形成具有地域特色的生活方式与文化面貌。

择地而居

早期先民多选择在靠近水源、动植物资源丰富、便于采猎的区域生息繁衍。环境的多样性形成了不同特色的遗址类型，如山岗遗址、台地遗址、贝丘遗址、沙丘遗址。

横岭遗址考古发掘现场

⊙ 山岗遗址

因位于山岗坡地而得名，以从化横岭遗址为代表。

横岭遗址位于从化区温泉镇，2013 年发掘，是广州地区首次发现的新石器时代晚期墓地，距今约 4000 年。

狮象遗址远景

⊙ 台地遗址

主要分布在江河两岸的台地上，以从化吕田狮象遗址为代表。

狮象遗址位于从化区吕田镇狮象村，2002 年试掘，发现新石器时代晚期和商时期的文化遗存。2022 年开始进行主动性发掘，试图进一步探明洞穴与台地遗址的关系。

⊙ 贝丘遗址

以文化层中包含大量人类食余弃置的贝壳为显著特征，多位于海、湖泊和河流的沿岸，代表遗存有增城金兰寺遗址中下层、白云葵涌遗址和南沙鹿颈遗址Ⅲ区。

葵涌遗址位于白云区新市葵涌龟岗，1982年发掘，出土陶器、石器、贝壳、动物骨骼标本等遗物。

葵涌遗址

⊙ 沙丘遗址

因分布在沿海的沙滩、沙堤和沙洲上而得名，主要分布在环珠江口区域海滨或海岛的峡湾地带，是具有海洋文化特质的古代文化遗存，以2000～2001年发掘的南沙鹿颈遗址Ⅳ区为代表。

鹿颈遗址远景

茶岭（右）、甘草岭（左）遗址考古发掘现场

⊙ 茶岭遗址

与居住、生活或生产密切相关的诸多墓葬、灰坑、窖穴、柱洞等遗迹显示，茶岭曾是远古先民规模不小、延续时间较长的聚落，而且很可能还是一个小区域范围内的中心聚落。从文化特征来看，与粤北石峡文化有较为密切的联系。茶岭遗址是目前广州地区发现的文化堆积最为丰富、遗迹现象最为复杂、出土遗物最多的新石器时代晚期遗址。

1. 炭化水稻
Carbonized Rice

新石器时代晚期
2017 年黄埔区茶岭遗址出土

茶岭遗址的墓葬、灰坑和窖穴中发现有一定数量的炭化稻谷颗粒，植物考古和碳十四测年结果表明至少在距今 4400 年前，茶岭先民可能已经开始种植以粳稻为主的栽培稻。茶岭遗址检测到的水稻植硅体应是目前珠江三角洲地区出土单位明确、年代最早的栽培稻实物遗存，是长江中下游原始稻作农业南传的有力物证。

2. 夹砂陶釜形鼎
Sandy Pottery Cauldron-shaped Tripod (*Ding*)

新石器时代晚期
2017 年黄埔区茶岭遗址 M65 出土
口径 19、腹径 20.1、高 22.8 厘米

3. 黑彩灰陶罐
Gray Pottery Jar with Black Paints

新石器时代晚期
2017 年黄埔区茶岭遗址 M133 出土
口径 9.7、底径 9、腹径 15、高 17 厘米

　　广州出土的史前彩陶很少，1961 年增城三江公社金兰寺村遗址发现少量新石器时代中期的红色彩陶，黑彩陶器在黄埔茶岭遗址、从化横岭遗址也有少量发现。这件黑彩灰陶罐是迄今为止广东省境内出土最完整、图案保存最完好也是最复杂的一件黑彩陶器。

长身石铲出土现场

4. 长身石铲
Long Stone Shovel

新石器时代晚期
2017 年黄埔区茶岭遗址 M22 出土
长 27、宽 5.2、厚 1.8、孔径 1.3 厘米

　　保存完好，无使用痕迹。可能作为礼器或祭祀用品使用，或可称"圭"。

5. 玉琮

Fragment of Jade Cong

新石器时代晚期

2017 年黄埔区甘草岭遗址出土

高 3.3 厘米

玉琮是一种内圆外方的筒形玉器，是我国古代重要礼器之一，源自环太湖平原的良渚文化，山东大汶口—龙山文化、晋南陶寺文化、粤北石峡文化等都有不少发现。甘草岭遗址与茶岭遗址相隔仅一水塘，文化面貌极为相近。考古发现的这件玉琮残器两端各有一从内侧向外单面钻的孔。由于磨损比较严重，已无法判断玉琮表面是否有线刻图案。但从材质和造型看，都与良渚文化同类器非常相似，表明良渚文化的因素经粤北地区已经传播到珠江三角洲地区。

⊙ 鹿颈遗址

鹿颈遗址位于珠江口西岸的南沙区鹿颈村，2000 ～ 2002 年发掘，距今约 3500 至 4000 年。

鹿颈遗址是广州市首次发掘的沙丘遗址，也是珠江口西岸重要的新石器时代晚期向青铜文化过渡时期的史前遗址，该遗址堆积厚、出土器物种类多、文化内涵丰富。

鹿颈遗址商时期墓葬出土一具完整人骨架，经中国社会科学院考古研究所、中国科学院古脊椎动物与古人类研究所专家鉴定，这副人骨架的主人是一名男性，属于亚美人种，身高约 170 厘米，死亡时的年龄约在 45 ～ 50 岁之间，左侧两条肋骨断裂，头部有伤，可能死于武斗。人类学家根据该人体骨架，成功复原了他的头像，并命名为"南沙人"，为复原三四千年前的"广州人"形象提供了非常珍贵的实物资料。

鹿颈遗址出土贝壳堆积

鹿颈遗址出土鳄鱼脊骨

鹿颈遗址商时期墓葬 M1 全景

* 小知识：

　　广州气候潮湿，土壤酸性大，有机物极难保存。为什么鹿颈遗址的广州"南沙人"和大量动物骨骼等却能保存基本完好呢？这是因为遗址中大量废弃贝壳形成了碱性环境，沙丘遗址和贝壳又有很好的导水性，使骨骼得以完好保存。

6. 水生动物遗存

Shells / Fish Bones / Tortoise Shells

商
2000年番禺市鹿颈遗址出土
①中国耳螺壳　②锥螺壳　③拟蟹守螺壳　④脉红螺壳　⑤蜒螺壳
⑥文蛤壳　⑦角螺　⑧海月壳　⑨点石鲈前头骨　⑩鳖甲

　　鹿颈遗址出土了丰富的动物遗存,其中水生动物包括腹足纲的中国耳螺、锥螺、拟蟹守螺、脉红螺、香螺、蜒螺;双壳纲的牡蛎、文蛤、泥蚶、剑状矛蚌、海月、大蚬;甲壳纲的蟹;软骨鱼纲的鳐;硬骨鱼纲的石斑鱼属、中国真鲈、尖吻鲈、鲻鱼、棘鲷属、内尔褶囊海鲇、鸡笼鲳属、石首鱼科、点石鲈、胡椒鲷属;爬行纲的鳖、海龟等,共计6纲26种。通过对水生动物(贝类、鱼类和爬行类)的生活习性进行分析,可知鹿颈遗址附近的水域主要为咸淡水和近海咸水,是典型的河口三角洲环境,而沿岸和岛屿附近还有大片的岩礁、砂砾和珊瑚礁,反映了先民逐水而居、就近取食的生活形态。(动物遗存的初步鉴定:中山大学社会学与人类学学院副教授 余翀)

①　　　　　　　　　　　　　　　　　　　　②　　　　　③

④　　　　　　　　　　　　　⑥

⑤

⑦

⑧

⑨

⑩

7. 牡蛎壳

Oyster Shells

商

2000 年番禺市鹿颈遗址出土

最大长 26.5、宽 12.3 厘米

牡蛎作为一种古老的生物具有特殊的生活习性和形态特征，被古生物学家和地质学家用来作为古环境的指示器。牡蛎的壳体不仅能反映出生长时的环境条件，比如水温、盐度和沉积物的性质，还能通过其生长纹、壳体形态和附着的位置提供有关古环境的线索。鹿颈村遗址出土了大量牡蛎壳，由此推断当时遗址在潮间带（低潮线和高潮线之间的地带）附近，离海洋的距离较现在更近。

8. 动物骸骨及制品
Animal Tooth / Bones / Bone Tools

商

2000 年番禺市鹿颈遗址出土

①猪犬齿　②豪猪下颌骨　③猕猴下颌骨　④动物骨制品

　　环珠江口的古代居民主要依靠捕鱼、采贝和狩猎获取食物，可能还饲养了少量的猪和狗。鹿颈遗址出土的哺乳纲动物有水牛、梅花鹿、麂、猪、豪猪、猕猴、狗，共 7 种。这些动物骨骼反映了当时遗址及周边地区的生态环境。遗址出土了大量用鹿骨等制作工具的废料，说明古代先民还会对动物骨骼进行加工利用，将它们改造成为诸如狩猎用的箭镞等工具。

①

②

③

④

生产生活

　　新石器时代至商时期，生活在珠江三角洲的先民主要从事采集、狩猎、捕捞等生产活动，他们磨制石器、烧制陶器、驯养动物、搭建干栏式建筑，山岗和台地遗址的先民们开始种植水稻等农作物，经济模式也由攫取型转向生产型。

⊙ 农业生产

　　先民们使用石器、棍棒等生产工具，从事简单的农事木作活动。石锛、石斧是新石器时代应用最为广泛的砍伐、木作与耕作工具。南海西樵山遗址是这一时期重要的大型石器制造场，广州地区出土石器相当一部分来源于此。

9. 双肩石斧

Shouldered Stone Axe

2013 年萝岗区来峰岗遗址出土
新石器时代晚期
长 6.7、刃宽 5.5、厚 0.8 厘米

　　石斧是古代主要用于砍伐兼多种用途的石质工具。斧体较厚重，一般呈梯形或近似长方形，两面刃，磨制而成。

10. 石锛
Stone Adze

新石器时代晚期
2002 年从化市狮象遗址出土
长 7.2、刃宽 4.6、厚 2.3 厘米

11. 石锛
Stone Adze

新石器时代晚期
2002 年从化市狮象遗址出土
长 4.3、刃宽 2.7、厚 0.6 厘米

12. 石锛
Stone Adze

新石器时代晚期
2002 年从化市狮象遗址出土
长 6.2、刃宽 4.2、厚 0.5 厘米

13. 有肩有段石锛

Stepped Adze with Shoulders

商

2000 年番禺市鹿颈遗址出土

长 13.8、刃宽 4、厚 2.5 厘米

14. 有肩有段石锛

Stepped Adze with Shoulders

商

2000 年番禺市鹿颈遗址出土

长 10、刃宽 5.3、厚 1.8 厘米

石锛是新石器时代和青铜器时代主要的生产工具，单面刃，可用作砍伐、刨土。有的石锛上端有"段"（即从上磨去一块）称"有段石锛"，有的上端有"肩"（左右各磨去一块）称"有肩石锛"，都是为了便于安装木柄，以增加可操作性，因木柄难以保存，考古发现中一般只留下石质的锛。有段、有肩石器是百越人民创造的富有特色的器物，贯穿整个先秦时期，并通过海路传播到东南亚和西太平洋诸岛。

石锛使用示意图

15. 双肩石锛

Shouldered Stone Adze

新石器时代晚期

2002 年从化市狮象遗址出土

长 5.2、刃宽 4.8、厚 1.1 厘米

16. 双肩石锛

Shouldered Stone Adze

新石器时代晚期

2002 年从化市狮象遗址出土

长 6.2、刃宽 3.7、厚 0.8 厘米

17. 双肩石锛

Shouldered Stone Adze

新石器时代晚期

2013 年萝岗区来峰岗遗址出土

长 9.7、刃宽 6.7、厚 2.1 厘米

18. 双肩石锛

Shouldered Stone Adze

商

2000 年番禺市鹿颈遗址出土

长 10、刃宽 5.5、厚 2.6 厘米

19. 双肩石锛

Shouldered Stone Adze

商

2000 年番禺市鹿颈遗址出土

长 5、刃宽 3.4、厚 1.2 厘米

⊙ 狩猎捕捉

　　箭镞、石球、镖形器等用来射击、投掷猎物。少量骨质、蚌壳类箭镞、镖形器的出土表明古人也同时利用有机类物质制作成不同工具，因时代久远，加上广州酸性土壤的埋藏环境，能保存下来的极少。

箭镞使用示意图

20. 蚌镞

Clam Arrowhead

商
2000 年番禺市鹿颈遗址出土
长 6.1 厘米

21. 骨镞

Bone Arrowhead

商
2000 年番禺市鹿颈遗址出土
长 7 厘米

22. 石镞

Stone Arrowheads

① ②新时器时代晚期

2002 年从化市狮象遗址出土

③～⑨商

2000 年番禺市鹿颈遗址出土

①～④叶形石镞 长 5.3 ～ 10.9 厘米

⑤～⑧三棱形石镞 长 4.3 ～ 7 厘米

⑨圆锥形头石镞 长 5 厘米

　　古代人们利用各种材质的原料制作箭头用以狩猎和保护自己，因石质容易保存，现在发现的多是各种形态的石镞。石镞与青铜镞相比，穿透和杀伤力都非常小。

⊙ 渔业打捞

在江河湖泊密布的水乡地区，人们多以捕鱼为生，农业发展起来之后也多是渔农兼作。网坠是系于渔网底部，使网迅速下沉的一种渔具。网坠凹槽有横向亦有竖向，也有两种相结合，便于绑绳固定在网上。

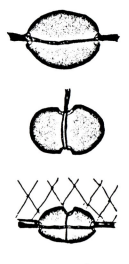

网坠使用示意图

①

②

③

23. 石网坠
Stone Net Sinkers

商
2000 年番禺市鹿颈遗址出土
①长 8.2、宽 7.2、厚 1.1 厘米
②长 5.6、宽 5.2、厚 1.8 厘米
③长 14、宽 8.7、厚 5.5 厘米

⊙ 原始纺织

纺轮是新石器时代手工制作绳索或细线的重要工具，也是中国早期用于抽纱拈线的纺织工具。使用时以木杆插于孔中，连续旋转，边转边提，利用纺轮自身的动力，使植物纤维牵伸拉细捻成细线。

纺轮使用示意图

24. 穿孔骨针

Perforated Bone Needle

商

2000 年番禺市鹿颈遗址出土

长 8.5 厘米

25. 陶纺轮

Pottery Spinning Reels

新石器时代晚期

①② 2002 年从化市狮象遗址出土

③④⑤ 2013 年萝岗区来峰岗遗址出土

① 直径 3、厚 0.9 厘米

② 直径 3.2、厚 1.1 厘米

③ 直径 2.9、厚 1.2 厘米

④ 直径 3.2、厚 1.8 厘米

⑤ 直径 3.4、厚 2.3 厘米

① ② ③ ④ ⑤

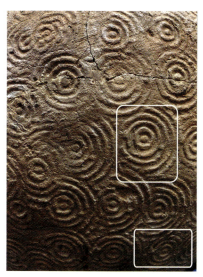

两种拍印纹及其交叠现象

印花纹样的另一种制作方式

⊙ 生活陶器

夹砂陶器

　　夹砂陶器是人类制作的最早的陶器制品，陶胎含砂，能提高陶器耐热急变的性能，主要用作炊器。人们通过混合大小、质地不一的掺合物来制作不同性能的夹砂陶器，以满足生活中的各种需求。

几何印纹陶器

　　几何印纹陶器的得名来自于 1916 年广州东山龟岗发现的南越国陶器，是指表面压印有几何纹装饰的陶器，分为印纹软陶和印纹硬陶两种。新石器时代晚期开始普遍出现，以曲折纹、叶脉纹、云雷纹、长方格纹为特征，主要分布于东南与华南沿海地区。

26. 夹砂陶釜

Sandy Pottery Cauldron

商

2000 年番禺市鹿颈遗址出土

口径 21.8、高 13.3 厘米

　　夹砂陶釜类似现代人使用的砂锅。釜是炊煮器兼盛食器，均为圜底，即圆底无足，一般安置在炉灶之上或是以其他物体支撑烹煮食品，可以节省时间和燃料。可视为现代"锅"的前身。

27. 圜底夹砂陶罐

Sandy Pottery Jar with Round Bottom

商周

2013 年萝岗区来峰岗遗址 M11 出土

口径 10.6、腹径 18.7、高 15.8 厘米

　　口部似有意做出流状，便于倾倒罐内液体。

28. 夹砂陶簋

Sandy Pottery Bowl (*Gui*)

商

2000 年增城市围岭遗址出土

口径 15.2、足径 15.2、高 9.4 厘米

　　胎厚重，夹粗砂，有圈足。

29. 高领圈足陶罐

Collared Pottery Jar with Ring Foot

新石器时代晚期

2002 年从化市狮象遗址出土

口径 10.2、腹径 15.2、足径 8.8、高 14.7 厘米

30. 高领圜底陶罐

Collared Pottery Jar with Round Bottom

新石器时代晚期

2002 年从化市狮象遗址出土

口径 11.2、腹径 17.8、高 14.5 厘米

31. 陶豆
Pottery Stem Plate

新石器时代晚期
2002 年从化市狮象遗址出土
口径 24、足径 9.8、高 14.8 厘米

32. 高领圜底陶罐
Collared Pottery Jar with Round Bottom

新石器时代晚期
2002 年从化市狮象遗址出土
口径 10.2、腹径 12.4、高 10 厘米

33. 圈足陶罐

Pottery Jar with Ring Foot

商

2000 年番禺市鹿颈遗址出土

口径 12.7 ～ 13.3、腹径 24、高 25.5 厘米

　　口部变形，肩下饰一周回字纹，曲折纹拍印至圈底部，圈足为后加。

34. 圈足陶罐

Pottery Jar with Ring Foot

商

2000 年番禺市鹿颈遗址出土

口径 11.1、腹径 26.5、高 23.3 厘米

　　底部有一圈粘连痕迹，原应有圈足。

墨依山遗址鸟瞰图

墨依山遗址

　　墨依山遗址位于增城区朱村街官田村北，东距增江约 11 千米，地处珠江三角洲北部的丘陵地带。是广州地区发现的第一个具有相当规模的中晚商时期墓地，填补了广州地区考古学文化序列的空白，对研究增江流域早期文明、广州地区历史文化演进意义重大。

M66 全景

大口陶尊

　　墨依山遗址共出土 25 件大口陶尊，反映了珠江三角洲与闽南、粤东地区浮滨文化的密切联系，这一文化因素更可追溯到赣江流域的吴城文化和长江中游盘龙城的商文化。大口陶尊在墨依山遗址主要随葬于较大型墓葬中，且常与 T 形环、牙璋等玉石器同出，表明其亦为标志社会等级身份的重要礼制用器，一般出土于墓葬一端，有的置于龛内。

35. 大口陶尊

Wide-mouthed Zun

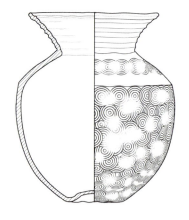

高

2016 年增城区墨依山遗址 M66 出土

口径 30、腹径 37、底径 12、高 43 厘米

　　橙黄色胎，烧造温度低，陶质软。口沿内侧一周凸棱，外沿下有七周凸棱，肩以下至底部均拍印重环纹。内壁可见拍捏痕迹，口沿、肩部有拼接抹痕。

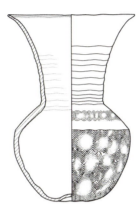

36. 大口陶尊

Wide-mouthed Zun

商

2016 年增城区墨依山遗址 M15 出土

口径 27、腹径 26、底径 16、高 41 厘米

　　软陶质，色灰白。敞口、长颈、小凹底。颈部有弦纹，肩部拍印重环纹，腹部至底拍印曲折纹。出土时保存相对完整。

37. 大口陶尊

Wide-mouthed Zun

商

2016 年增城区墨依山遗址 M70 出土

口径 30、腹径 37、底径 12、高 43 厘米

　　软陶质，色偏黄。口沿内侧有一周凸棱，外壁肩以下甚至底部均拍印三线方格纹。内壁可见泥条盘筑痕迹，口沿、肩部有拼接抹痕，外壁肩腹相接处有抹平痕迹。

☉ 珠佩美饰

广州发现的早期佩饰有玦、串珠、环、镯等，质地以玉、石、水晶为主，鹿颈遗址还发现有骨镯和蚌环等。其中有些除了装饰作用，还有护身符、宗教、礼仪上的意义。

38. 骨镯
Bone Bracelet

商
2000 年番禺市鹿颈遗址出土
直径约 7.2、高 2.3 厘米

断为两截，镯上有孔，可能当时断裂后试图凿孔连缀。

39. 蚌环
Clam Ring

商
2000 年番禺市鹿颈遗址出土
外径 8.4、内径 4、厚 0.2 厘米

40. 石环

Stone Ring

新石器时代晚期
2002 年从化市狮象遗址出土
外径 8.5、内径 5 厘米

41.T 形玉环

Collared Jade Ring

商
2016 年增城区墨依山遗址 M70 出土
①外径 11、内径 7.3 厘米
②外径 7.5、内径 5.8 厘米

又称有领玉环，在墨依山遗址中与牙璋一起作为礼器随葬，从出土位置看基本都在墓葬中部，可能是腕饰。T 形玉环在中原、西南、华南、东南亚等地均有出土，揭示出夏商文化南传轨迹及其强大影响力。

①

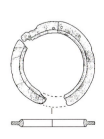

②

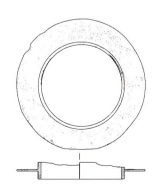

42. 玉串饰

Jade Tubes

商

2016 年增城区墨依山遗址 M66 出土

长 0.5 ～ 1、孔径 0.4 厘米

由 18 件玉管串连，与牙璋同出。双面对钻，穿孔柱状，大小不一。呈鸡骨白色，表面覆盖不均匀黄褐色沁蚀。

2016 年增城墨依山遗址 M66 出土饰品现场

43. 玉耳珰

Jade Ear Pendants

商

2016 年增城区墨依山遗址 M66 出土

长 1.7、孔径 0.6 厘米

汉代刘熙《释名·释首饰》曰："穿耳施珠曰珰。"
珰是古代人耳上的饰品，相当于今天的耳坠或耳钉。
该耳珰与玉璋同出于墓葬一侧，束腰，截面呈喇叭状，
一端较为宽大，双面对钻孔。

44. 水晶玦

Crystal Ring with Gap (*Jue*)

商

2016 年增城开发区龙井山遗址 M15 出土

直径 1.8、孔径 1.0 厘米

玦（jué），形如环而有缺口，在古代主要用
作耳饰。

⊙ "璋"显礼制

　　牙璋起源于黄河中下游一带，是夏文化重要的礼器，是等级身份的象征，还可能用于祭拜。环珠江口商时期遗址中出土有不少石质、玉质与骨质牙璋，而且经常与T形玉石环同出。增城墨依山遗址出土了迄今为止广州考古发现最完整的两枚牙璋，牙璋形制和摆放位置与二里头遗址Ⅲ期遗存、香港大湾以及越南北部冯原文化松仁（Xom Ren）遗址接近，彰显了中原夏商礼制文化南渐岭南乃至中南半岛东北部的强大穿透力。

三星堆遗址出土持璋铜俑线图

45. 玉牙璋

Jade Yazhang Blade

商
2016年增城区墨依山遗址 M70 出土
长 15、宽 3、厚 0.5 厘米

　　璋由器身、柄部以及二者之间的扉牙（又称阑）组成（故璋又称牙璋），器身前端一般有微斜面内凹的刃。牙璋作为夏文化的礼制用器，随着夏遗民的迁徙，商时期在岭南地区得以广泛流传。

46. 玉牙璋

Jade Yazhang Blade

商
2016 年增城区墨依山遗址 M66 出土
长 19、宽 2 ～ 3、厚 0.3 厘米

　　透闪石。首端斜刃内凹呈弧形、刃宽大于体宽。器身中断，断口两侧各钻有两个穿孔，用以缚接。表面有不均匀黑褐色沁蚀。

第二单元

越人聚居（西周—战国）

相较于五岭以北灿烂的青铜文明，岭南的社会进程相对缓慢。这一时期广州地区铜器仍不多见，具有浓郁越人特色的几何印纹陶器和原始瓷器甚为发达。柱洞、灰坑、窑址和墓葬等遗迹大量发现，表明当时人口增长，多层级的聚落逐步形成，生产力水平取得长足进步，为秦汉时期的发展奠定了坚实基础。

干栏建筑

广州地区先秦时期人类的居住遗址发现数量不多。人们因地制宜，采取不同的居住模式，形成了较强的地域特色。2006 年发掘的萝岗隔田山遗址，发现春秋战国时期的灰坑、柱洞及文化层，属于岗地居址，推测建造的应是干栏式建筑。

隔田山遗址Ⅱ区柱洞分布情形

干栏式建筑想象复原图

47. 铜斧
Bronze Axe

西周－春秋
2009 年增城市浮扶岭遗址 M416 出土
长 11.7、刃宽 6.5 厘米

　　一面残留有明显的纺织品痕迹，另一面残留竹制编织物的痕迹。纺织品可能是墓主人身上织物的残留，竹席类编织物说明古人可能直接在墓底铺竹席或用竹席包裹墓主人入葬，也可能用于建筑居室内。

织物（细部特征）

竹席（细部特征）

铜斧叠压竹席　　　　　　　　　　　　　竹席出土现场

48. 铜斧

Bronze Axe

春秋
2009 年增城市浮扶岭遗址 M305 出土
长 9.5、刃宽 7、銎宽 5.4、厚 2.6 厘米

　　背面开有一横长方形銎孔，在其他同类器物上
未见。出土时该铜斧下的竹席清晰可见。可见当
时竹席编制技术已非常成熟，很可能也用于居室。

49. 陶器残片与残石器
Pottery Fragments and Broken Stone Implements

西周 – 春秋

2006 年萝岗区隔田山遗址出土

石范：残长 5.5 厘米　砺石：残长 11 厘米　陶片：最宽 14.8 厘米

　　在隔田山东侧山岗山顶和南坡区域发现丰富的西周至春秋时期遗迹遗物，包括灰坑、密集的柱洞等，出土有较多陶片、石器和少量青铜兵器。居住遗址的考古发现多为废弃堆积，所以很少有完整的器物出土。除少量石范外，还出土大量砺石，砺石即磨刀石，亦可以用来打磨箭镞、斧等器物刃部。

石范

砺石

陶器残片

文化演进

　　陶器使用周期短、变化频率快，是考古学家研究早期文化发展的最佳样品。珠江三角洲地区新石器时代晚期至商时期的陶器以曲折纹、叶脉纹、云雷纹、长方格纹等为特征，西周至春秋阶段演变为以夔纹、方格纹为主要纹饰，并出现了原始青瓷，到了战国至西汉初期又发展为以米字纹为特色，反映了文化演进的轨迹。

50. 太阳纹圜底陶罐
Pottery Jar with Round Bottom and Solar Patterns

商周

2009 年增城市浮扶岭遗址出土

口径 20、腹径 25、高 19.5 厘米

51. 陶簋

Pottery Bowl (*Gui*)

西周－春秋

2009 年增城市浮扶岭遗址出土

口径 41.7、足径 28.2、高 20.8 厘米

因形似青铜簋而名，用于盛放
食物。

52. 双耳圜底陶罐

Pottery Jar with Two Ears and Round Bottom

西周－春秋

2013 年萝岗区来峰岗遗址 M25 出土

口径 14.6、腹径 26、高 21.7 厘米

器身饰弦纹与细方格纹，底部有烟
炱痕迹。

53. 小口垂腹陶瓿

Pottery Jar with Round Belly and Small Mouth

西周 – 春秋

2013 年萝岗区来峰岗遗址 M21 出土

口径 12.2、腹径 36、高 35.7 厘米

⊙ 夔纹陶

夔纹陶主要流行于西周中期到战国早期阶段。夔，本是神话中形似龙的兽，形态近似蛇，多为一角、一足，口张开、尾上卷，是中原青铜器上常用的装饰纹样，盛行于商和西周前期，在岭南主要装饰于陶器上，成为一种极具代表性的纹饰，又称双 F 纹。

浮扶岭遗址出土陶器上的夔纹

54. 夔纹陶簋

Pottery Bowl (*Gui*) with Kui Patterns

西周－春秋

2009 年增城市浮扶岭遗址出土

口径 19.9、足径 14.5、高 16.3 厘米

55. 三耳陶罐
Three-ear Pottery Jar

西周 – 春秋

2009 年增城市浮扶岭遗址出土

口径 16.3、腹径 34.2、高 28.5 厘米

⊙ 米字纹陶

战国中期以后至西汉初期，夔纹陶被米字纹陶替代。

各种米字纹

56. 米字纹陶罐

Pottery Jar with 米 -shaped Patterns

战国

2009 年增城市浮扶岭遗址 M9 出土

口径 27.1、腹径 36、底径 17、高 29.1 厘米

57. 陶瓿

Pottery Jar with Small Mouth

秦－西汉南越国早期

2009 年增城市浮扶岭遗址 M511 出土

口径 22.4、腹径 36、底径 17.8、高 37.1 厘米

　　硬陶，内壁有身与底的拼接痕。灰胎，外施浅酱色陶衣。器身通体拍印米字纹，局部被抹平。

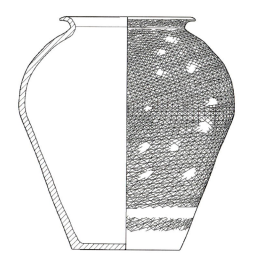

58. 夹砂陶釜

Sandy Pottery Cauldron

战国

2013 年萝岗区来峰岗遗址 M10 出土

口径 15.5、高 13.9 厘米

原始青瓷

　　和中原、湖湘地区主要以青铜器作为礼乐重器不同，百越先民主要以原始瓷器象征社会地位与等级。原始瓷首先出现于夏商时期的江浙地区，西周早中期传入岭南，广州地区西周、春秋时期的墓葬普遍使用原始瓷器祭奠、祭祀和随葬。

59. 原始瓷豆
Proto-Porcelain Stem Plate

西周 – 春秋
2009 年增城市浮扶岭遗址 M263 出土
口径 24.2、足径 15.9、高 14.2 厘米

* 小知识：

　　原始瓷是处于原始状态的青瓷。由高岭土制胎，表面施石灰釉，经 1200℃ 高温烧成，但瓷胎中含杂质较多、釉面呈色不稳定说明了它的原始性。

60. 原始瓷豆

Proto-Porcelain Stem Plate

西周 – 春秋

2008 年越秀区太和岗路淘金家园工地 M89 出土

口径 11、足径 6、高 6.3 厘米

61. 原始瓷豆

Proto-Porcelain Stem Plate

西周－春秋

2009 年增城市浮扶岭遗址 M350 出土

口径 14、足径 7.6、高 10.5 厘米

62. 原始瓷豆

Proto-Porcelain Stem Plate

西周 – 春秋

2009 年增城市浮扶岭遗址 M187 出土

口径 10.4、足径 6.3、高 6.8 厘米

63. 原始瓷豆
Proto-Porcelain Stem Plate

西周 - 春秋
2009 年增城市浮扶岭遗址 M257 出土
口径 11.5、足径 6.4、高 6.7 厘米

越人青铜

　　岭南地区在商时期已经出现青铜器，但基本都是用石范制作的简单小型青铜器，如箭镞。西周时期出现较大型器物，如甬钟等，有专家认为可能是由中原或楚地传入的，广州地区的青铜制作工艺应该也是受这两个地区的影响产生和发展起来的。越人墓葬出土青铜斧、矛、箭镞、篾刀等，墓主人应多为男性。广州地区目前还没有发现西周时期用青铜容器尤其是青铜礼器随葬的现象。

64. 铜俑饰件

Bronze Figurine-shaped Ornament

春秋

2009 年增城市浮扶岭遗址 M57 出土

高 3.9、宽 2、厚 1.4 厘米

65. 铜鐁

Bronze Knife for Flattening Wood

春秋

2009 年增城市浮扶岭遗址 M459 出土

长 9.3 厘米

　　鐁（sī）是一种细平木工具，春秋时多为铜质，战国以后多为铁质，唐、宋之后随着铇的发展逐渐消失，而在日本沿用至今。也可用于加工竹木制品。该铜鐁柄部残留有类似竹条捆绑的痕迹。

66. 铜镞

Bronze Arrowhead

春秋

2009 年增城市浮扶岭遗址出土

长 4.2 厘米

　　镞为箭头，虽然岭南进入青铜时代后，铜器并没有得到广泛使用，但青铜箭镞逐渐普遍取代石质箭镞，成为广州出土青铜器之大宗。

67. 铜斧

Bronze Axe

春秋

2009 年增城市浮扶岭遗址 M256 出土

长 8.3、刃宽 6 厘米

斧是一种武器或者伐木工具。

68. 石范

Stone Mould for Axe

西周－春秋

2006 年萝岗区隔田山遗址出土

残长 10.6、宽 7.8、厚 5 厘米

石范即石质模具，石范的出现让青铜铸造成为可能。广州出土的石范，造型简单，说明岭南的青铜铸造技术远远落后于中原。这件石范虽残，但仍可以看出是制作铜斧的模具，应有合范。

69. 铜戈

Bronze Dagger-Axe (*Ge*)

春秋
2009 年增城市浮扶岭遗址出土
长 17.0、高 9、厚 0.5 厘米

　　戈是古代的一种曲头兵器，横刃，装有长柄，主要用于勾、啄敌人。

70. 铜矛

Bronze Spear

春秋
2009 年增城市浮扶岭遗址出土
长 17.8 厘米

矛直身、有长柄，是用来刺杀敌人的
进攻性武器。

71. 铜钺

Bronze Broad Axe (*Yue*)

春秋
2009 年增城市浮扶岭遗址出土
长 12.2、刃宽 7.1 厘米

钺与斧近似但体形较大，是兵器的一种，
也作为仪仗、礼器使用，是权力的象征。

丧葬习俗

先秦时期越人墓葬多为窄长方形竖穴土坑墓，随葬品数量不多而且简单。高等级墓葬有独具特色的石圹墓、石床墓、"人"字顶椁室墓等。

☉ 浮扶岭墓地

位于增城增江街白湖村，地处增江中游岸边山岗上，2009～2010年发掘，面积约15000平方米，清理新石器时代晚期至元明时期古墓葬525座，大部分墓葬时代为西周中晚期至春秋早中期，随葬品以夔纹硬陶瓮、罐和原始瓷豆为主。浮扶岭墓地是广州地区迄今发掘面积最大的先秦墓地。

浮扶岭遗址 M434 全景

72. 陶豆
Pottery Stem Plate

西周－春秋
2009年增城市浮扶岭遗址 M434 出土
口径 15.9、足径 6.9、高 8.1 厘米

73. 陶豆

Pottery Stem Plate

西周－春秋

2009 年增城市浮扶岭遗址 M434 出土

口径 11.3、足径 6.6、高 7.5 厘米

74. 陶壶

Pottery Pot

西周 – 春秋

2009 年增城市浮扶岭遗址 M434 出土

口径 7.2、腹径 9.5、足径 6.9、高 12.1 厘米

75. 水晶玦

Crystal Ring with Gap (*Jue*)

西周－春秋
2009 年增城市浮扶岭遗址 M25 出土
外径 6.2、内径 2.8 厘米

76. 水晶玦

Crystal Ring with Gap (*Jue*)

西周－春秋
2009 年增城市浮扶岭遗址 M6 出土
外径 2.4、内径 1.0 厘米

77. 石英玦

Quartz Ring with Gap (*Jue*)

西周－春秋
2009 年增城市浮扶岭遗址 M210 出土
外径 1.6、内径 0.6 厘米

　　浮扶岭墓地有玦出土的墓葬数量较多，有单个亦有成对出土的。材质以水晶为主，其次为玉，少数为石质。

78. 陶瓿

Pottery Jar with Small Mouth

西周－春秋
2009年增城市浮扶岭遗址出土
口径34.9、腹径44、高46厘米

79. 陶瓮

Pottery Jar with Small Mouth

西周 – 春秋

2009 年增城市浮扶岭遗址出土

口径 19、腹径 53、高 51.5 厘米

80. 原始瓷双耳罐

Proto-Porcelain Jar with Two Ears

西周－春秋

2009 年增城市浮扶岭遗址 M171 出土

口径 8.6、腹径 14.8、足径 7.8、高 11.8 厘米

81. 原始瓷三足盘

Proto-Porcelain Plate with Three Legs

西周 – 春秋
2009 年增城市浮扶岭遗址 M171 出土
口径 11.9、高 5.9 厘米

82. 原始瓷豆
Proto-Porcelain Stem Plate

西周－春秋
2009 年增城市浮扶岭遗址 M171 出土
口径 11.8、足径 7.1、高 6.6 厘米

浮扶岭遗址 M171 全景

83. 原始瓷豆

Proto-Porcelain Stem Plate

西周－春秋

2009 年增城市浮扶岭遗址 M171 出土

口径 10.9、足径 6.9、高 6.5 厘米

萝岗园岗山 M1 全景

⊙ 园岗山越人墓 M1

　　位于萝岗勒竹村园岗山，2003年发掘。狭长形竖穴土坑墓，底铺小石子形成石床，出土 30 余件越式陶器和原始青瓷器。年代约在战国晚期，是广州地区首次发现的越人石椁墓，具有吴越土墩墓的遗风。

84. 原始瓷碗

Proto-Porcelain Bowl

战国晚期 – 西汉南越国时期
2013 年萝岗区园岗山 M1 出土
口径 10、足径 4.5、高 4 厘米

85. 陶钵

Pottery Bowl

战国晚期－西汉南越国时期

2013 年萝岗区园岗山 M1 出土

口径 7.6、腹径 9、底径 3.5、高 4.7 厘米

86. 陶罐

Pottery Jar

战国晚期－西汉南越国时期

2013 年萝岗区园岗山 M1 出土

口径 10.5、腹径 16.5、底径 9.2、高 11.2 厘米

肩部有刻划符号。

87. 陶罐

Pottery Jar

战国晚期－西汉南越国时期

2013 年萝岗区园岗山 M1 出土

口径 11、腹径 15、底径 8、高 10 厘米

88. 陶罐

Pottery Jar

战国晚期－西汉南越国时期

2013 年萝岗区园岗山 M1 出土

口径 11、腹径 15、底径 8、高 10 厘米

89. 原始瓷杯

Proto-Porcelain Cup

战国晚期 – 西汉南越国时期

2013 年萝岗区园岗山 M1 出土

口径 4.5、底径 2.8、高 4.7 厘米

90. 原始瓷杯

Proto-Porcelain Cup

战国晚期 – 西汉南越国时期

2013 年萝岗区园岗山 M1 出土

口径 4.6、底径 3、高 4.6 厘米

　　黄白胎，火候高。直口，斜壁，平底。内外表有青黄釉斑。器内底有螺旋形轮制痕迹。

91. 原始瓷盒

Proto-Porcelain Box

战国晚期 – 西汉南越国时期

2013 年萝岗区园岗山 M1 出土

口径 10.5、底径 5.5、通高 8 厘米

From the south of Jiuyi Mountain to Dan'er, traditions and customs are similar to those in Jiangnan area. Panyu, major city in this region, is a trading place for pearls, rhinoceros horns, tortoiseshells, fruits and clothing.

—*Records of the Grand Historian* by Sima Qian of Western Han

In 214 B.C., Qin empire conquered Lingnan area and established three counties of Guilin, Nanhai and Xiang. Panyu (today's Guangzhou) was the capital of Nanhai county. In time of Han, flourishing in trade, Panyu grew to be one of the nine major cities in China. With convenient transport both on land and in the water, Panyu became an important harbor of the Maritime Silk Road.

As archaeological discoveries show, Panyu city during Qin and Han was located near the Beijing Road and Fourth Zhongshan Road, close to the Pearl River, covering about 0.4 square kilometers. The mountainous areas in the east, north and northwest of Panyu were used as cemeteries of the locals, where a large number of burial articles were unearthed, which reflect the life at that time.

第二部分　**番禺都会（秦汉时期）**

Panyu, Center of Lingnan (from Qin to Han)

九疑、苍梧以南至儋耳者，与江南大同俗，而扬越多焉。番禺亦其一都会也，珠玑、犀、玳瑁、果、布之凑。

——（汉）司马迁《史记·货殖列传》

公元前214年，秦平岭南，设桂林、南海、象三郡，南海郡治番禺（今广州）。汉代时番禺已是全国九大都会之一，水陆交通发达，商贸繁荣，是海上丝绸之路的重要港口。

考古发现表明，秦汉番禺城规模不大，总面积约0.4平方千米，位置在今广州市北京路、中山四路一带，南临珠江，北靠越秀山。番禺城的东郊、北郊、西北郊的山岗是墓葬区，臣民墓葬出土的大量随葬器物，生动地再现了当时的生活场景。

第一单元

番禺初建（秦—西汉南越国）

公元前 214 年，秦征岭南，置岭南三郡，南海郡首尉任嚣修筑番禺城，周长十里，是广州建城之始。任嚣死后，赵佗接任南海尉，随后建立岭南地区第一个地方政权——南越国。以番禺为都，番禺城内北部为宫苑区。

南海郡治

据《史记》记载，公元前 214 年，秦平岭南，南海尉任嚣筑番禺城（故又称任嚣城），番禺城是广州建城之始。

"番禺"一说因境内番山、禺山，又有说因其在"番山之隅"，但亦有学者认为"番禺二山说"是在古番禺县名出现后，把县名分拆附会于境内的两处山岗而产生的，番禺原意应为"岭外蕃邦、蛮夷之地"。东汉以前番禺的"番"字被写为"蕃"。

图　例

▨ 番禺城　── 汉代珠江
城门为推测位置　　北岸线

秦汉番禺城示意图

92. "蕃禺"铭漆奁盖

Lacquer Cover with Inscriptions of "Panyu"

秦

1953 年荔湾区西村石头岗 M1 出土

长 28、宽 11.8 厘米

广州博物馆藏

　　木胎，盖面朱绘云纹，有"蕃禺"两字铭文，未发现奁身。"蕃禺"即番禺，为今广州最早名称。这是秦在广州地区设置郡县的重要历史物证。

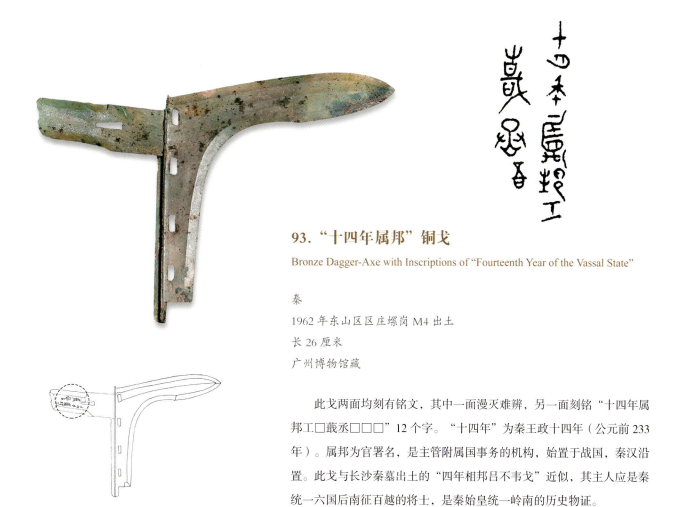

93. "十四年属邦"铜戈

Bronze Dagger-Axe with Inscriptions of "Fourteenth Year of the Vassal State"

秦

1962 年东山区区庄螺岗 M4 出土

长 26 厘米

广州博物馆藏

　　此戈两面均刻有铭文，其中一面漫灭难辨，另一面刻铭"十四年属邦工□戳承□□□"12 个字。"十四年"为秦王政十四年（公元前 233 年）。属邦为官署名，是主管附属国事务的机构，始置于战国，秦汉沿置。此戈与长沙秦墓出土的"四年相邦吕不韦戈"近似，其主人应是秦统一六国后南征百越的将士，是秦始皇统一岭南的历史物证。

南越国都

秦末陈胜、吴广起义，天下大乱，南海郡尉赵佗趁机"绝道聚兵自守"，又兼并桂林郡和象郡。公元前203年，赵佗自立为南越武王，建南越国，定都番禺。南越国历经四世五主，共93年，元鼎六年（公元前111年）冬被汉武帝出兵所灭。

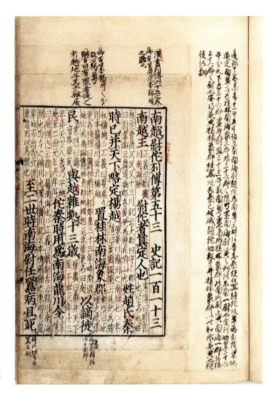

《史记》书影

西汉南越国示意图

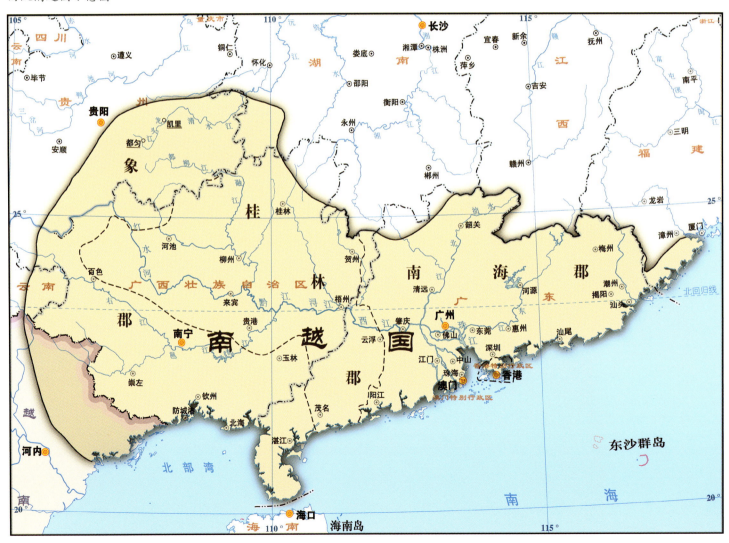

⊙ 南越宫苑

　　位于广州历史城区中心的中山四路以北、北京路北段。1995 年以来，先后发现了南越国的宫殿和御苑，出土了木简和大量建筑构件、生活用器等遗物。南越宫苑在 1995、1997 年两次被评为全国十大考古新发现。

　　南越国宫署遗址文化层厚达 6 米，自下而上叠压着秦、汉至民国时期 13 个朝代的文化层，记录了广州城 2000 余年的发展轨迹。

南越国御苑曲流石渠　　　　南越国宫署遗址考古关键柱

* 小知识：

　　关键柱是考古发掘过程中特意保留用以对照地层的柱状土堆。考古人员根据土层的色泽、土质和包含文物的不同，区分不同时期的历史文化层。越靠近上面的地层年代越晚。

南越国宫署遗址鸟瞰图

94. 长方形砖

Fragment of a Rectangular Floor Tile

西汉南越国时期

1988 年越秀区中山五路新大新工地出土

长 68.3、宽 47.1、厚 8.8 厘米

95. 长方形砖

Rectangular Floor Tile

西汉南越国时期

2011 年越秀区惠福西路南粤先贤馆工地出土

长 72、宽 43、厚 8.5 厘米

　　这种长方形砖主要铺设于南越国的宫殿和回廊等建筑地面上。穿孔是为了防止烧造时炸裂。

96. 木简
Wooden Slips

西汉南越国时期
2004 年南越国宫署遗址出土
南越王博物院藏
完整的长 25、宽 1.7～2.1 厘米

　　南越木简的出土改写了广东无简牍的历史，木简内容主要为制度和南越国王宫生活，弥补了南越国史的记载。其中一枚记事全文为"□张成故公主诞舍人廿六年七月属　将常使□□蕃禺人"，包含了人名（张成、诞等）、地名（蕃禺）、官名或身份（公主、舍人、常使等）、时间（二十六年为南越国赵佗纪年，应为公元前 178 年）等众多信息。

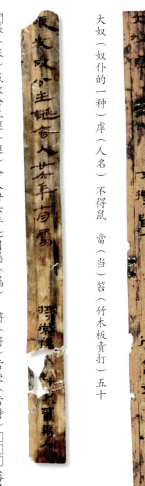

□還（还）我等戠（同繋，拘捕）盈（人名）已戠（繋）乃歸（归）南海（郡名）□□

高平（地名）甘棗（枣）一木第卌（四十）三　實（实）八百廿（二十）八枚

□張（张）成故公主誕（诞）舍人廿六年七月屬（属）　將（将）常使（常侍）□□□蕃禺人

大奴（奴仆的一种）虖（人名）不得鼠　當（当）笤（竹木板责打）五十

邪不邪）已以對（对）
即操其書（书）来（来）予景巷令（官职名）有左（经过查验）問（问）不＝邪＝（不

受不能免痛迺（乃）往二日中陞下

97. "万岁" 瓦当

Tile End with "Wan Sui" Inscriptions

西汉南越国时期

2000 年越秀区中山四路南越国宫署遗址出土

南越王博物院藏

当径 17.4、厚 1.3 厘米

98. 青釉筒瓦

Green-glazed Cylindrical Tiles

西汉南越国时期

2000 年越秀区中山四路南越国宫署遗址出土

南越王博物院藏

① 残长 6.9、残宽 6.5、厚 0.9 厘米

② 残长 7.7、残宽 11.2、厚 1.1 厘米

①   ②

99. 带钉板瓦

Semi-cylindrical Tile with Nails

西汉南越国时期
2000 年越秀区中山四路南越国宫署遗址出土
南越王博物院藏
残长 12.4、残宽 9.7、厚 1.1 厘米

—

100. 云纹瓦当

Tile End with Cloud Patterns

西汉南越国时期
2000 年越秀区中山四路南越国宫署遗址出土
南越王博物院藏
残径 8、厚 2 厘米

　　南越国宫署遗址出土了部分施加青釉的砖瓦，经科学检测，为本地陶土本地烧制，而其上青釉却与西方的钠钙玻璃较为接近，是以钠钾为主要助熔剂的碱釉。这是钠钾碱釉应用于中国建筑材料的首次发现，应是南越国时期中国与西方通过海路进行技术交流的产物。

⊙ 南越水闸

　　南越国木构水闸遗址位于今西湖路以南、惠福东路以北的光明广场，平面布局大致呈"⅃ ⅁"形，由闸室及两岸连接建筑物构成，其形制与现今珠江三角洲的水闸形态极为相似。水闸所处地势北高南低，城内的水由北向南排入珠江，珠江水位涨高时，放下闸板，防止江水倒灌入城。据专家论证，这里应是南越国番禺城南城墙的一处水关。

　　南越国木构水闸是迄今世界上考古发现年代最早、规模最大、保存最好的木构水闸遗存。

南越国木构水闸遗址

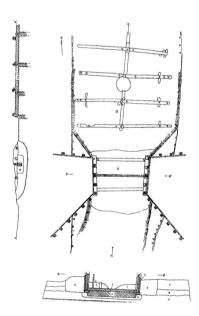

水闸遗址平剖面图

南越国木构水闸闸口

番禺大石东乡渡口水闸

汉越融合

赵佗推行"和辑百粤"的政策，促进了汉族和南越各民族之间的相互融合。

⊙ 珠映罗裙

《史记·陆贾列传》记载南越王赵佗接见汉使时"弃冠带"、穿越装，客观上反映了当时汉越融合的社会面貌。"断发、文身、跣足"是典型的越人特征，而祭祀舞蹈时则多头戴羽冠。墓葬出土的陶俑和玉舞人也有明显的宽袍大袖的楚地风格，反映了汉地喜楚服的历史背景。

南越王墓出土人操蛇青铜屏风构件上的越人形象（短发、短衣裤、光脚）

南越王墓出土船纹铜提筒上头戴羽冠的越人形象

101. 船纹铜提筒

Bronze Bucket with Boat Patterns

西汉南越国时期

1973 年东山区先烈中路太和岗 M7 出土

口径 30.5、腹径 38.8、底径 31、高 37.3 厘米

提筒是极具岭南地方特色的盛储器，主要出土于两广、云南、越南等地，流行于战国晚期至南越国时期。有对称双耳可系绳，一般配有木盖。该提筒器身有细纹，隐约可见船身与头戴羽冠的人形。

⊙ 钟鸣鼎食

　　南越国时期，广州地区日常使用的炊器、饮食具、生活器皿等既有较强的越人文化因素，也有典型的楚式、汉式风格器物，如楚地漆木耳杯与汉式鼎、壶、钫等。

102. 夹砂陶鼎（越式）

Sandy Pottery Tripod (*Ding*) with Cover (Nanyue-style)

西汉南越国时期
2008 年越秀区太和岗路淘金家园工地 M90 出土
口径 19.3、盖径 15.3、通高 18.3 厘米

　　板式直足，器身布满烟炱痕，有明显使用痕迹。

103. 陶鼎（越式）

Pottery Tripod (*Ding*) (Nanyue-style)

西汉南越国时期

2002 年东山区太和岗路淘金家园工地 M46 出土

口径 19.8、腹径 20.3、高 22 厘米

　　越式鼎的特征为盘口、三直足、直足微向外撇。该鼎足呈三棱柱形。

104. 陶鼎（汉式）

Pottery Tripod (*Ding*) (Han-style)

西汉南越国时期

2010 年荔湾区西湾路旧广州铸管厂地块 M1 出土

口径 17.5、腹径 19.6、盖径 19.3、通高 17 厘米

　　鼎兼具炊器和容器两种使用功能，后被用作礼器，具有祭祀天地、神灵、祖先等重要功能。汉式鼎是中国北方地区流行的样式，典型特征是矮蹄足。

105. 陶鼎（汉式）

Pottery Tripod (*Ding*) (Han-style)

西汉南越国时期

2001 年东山区太和岗路御龙庭工地 M89 出土

口径 17.5、盖径 19、通高 20 厘米

有盖，圆腹圜底、长方形附耳，三蹄足。

106. 陶盒

Pottery Box

西汉南越国时期

2001 年东山区太和岗路御龙庭工地 M83 出土

口径 15.5、腹径 17.5、足径 8.6、通高 13 厘米

　　胎色红，除盒盖顶外，盒身、底、圈足内外皆施有白色陶衣，器表装饰凹弦纹。

107. 陶三足盒

Three-legged Pottery Box

西汉南越国时期

2006 年越秀区东风东路金色家园工地 M83 出土

口径 13.6、腹径 14.8、通高 10.2 厘米

108. 陶钫

Pottery Wine Vessel (*Fang*)

西汉南越国时期

2001 年东山区太和岗路御龙庭工地 M89 出土

口径 11.5、腹径 21、足径 13、通高 41.6 厘米

　　覆斗形盖，有直唇，套入器口中。器身肩部有
两个对称的铺首纹横系。钫为储酒器，有铜、漆、
陶等不同材质。

109. 陶壶（越式）

Pottery Pot (Nanyue-style)

西汉南越国时期

2001 年东山区太和岗路御龙庭工地 M69 出土

口径 19.4、腹径 42.6、足径 26.7、通高 43.5 厘米

　　泥质灰红胎，腹上部饰五组纹带，以细弦纹作分隔，当中分别填以篦点纹、水波纹，腹中部饰穗状附加堆纹，腹下部饰凹弦纹和波浪纹组合。圈足上与耳对应处分别有一穿孔。盖面遍饰凹弦纹和水波纹。

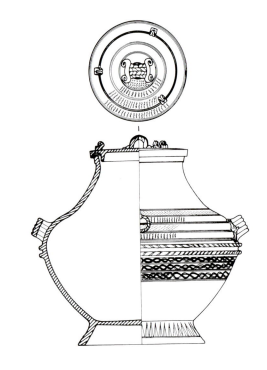

110. 陶壶（越式）

Pottery Pot (Nanyue-style)

西汉南越国时期

2001 年东山区太和岗路御龙庭工地 M89 出土

口径 10、腹径 34、足径 23、通高 34 厘米

　　南越国时期墓中出土的这类器物材质有陶的
也有铜的，而且器形均较大、圈足镂孔，有的配
木盖。与耳对应的圈足位置各有一个穿孔，用以
贯穿系绳方便提取。

111. 陶熏炉

Pottery Incense Burner

西汉南越国时期

2010 年荔湾区西湾路旧广州铸管厂地块 M44 出土

径 28.3、高 14 厘米

戳印铭文

先秦时期广州地区的一些陶器或原始瓷器上已有戳印、刻划符号。南越国时期一些陶器和漆木器上出现汉字铭文，有的标明工匠、监造部门，是物勒工名的反映，有的是指使用人或使用地等信息。

112. "居室" 戳印陶瓮

Small-mouthed Pottery Jar with "Ju Shi" Seal

西汉南越国时期
1982 年白云区瑶台柳园岗 M44 出土
口径 23.1、腹径 35、底径 20.5、高 37.5 厘米

口大于底，器身拍印小方格纹和几何图形戳印。肩腹部有 "居室" 两字戳印。"居室" 是少府属官，主治诏狱，秩位千石。汉武帝太初元年（公元前 104 年），"居室" 更名为 "保官"。

113."常御"戳印陶罐

Pottery Jar with "Chang Yu" Seal

西汉南越国时期

2006 年越秀区东风东路金色家园工地 M83 出土

口径 12.8、腹径 17.2、底径 10、高 15.7 厘米

　　"常御"应是南越国官署名，文献未载。可能相当于汉朝的长御，指后宫的女官；也可能是主管赵氏皇家起居馐膳事宜的官署；或是南越国中少府所属尚方、御府的合称，是执掌王室服饰、车驾、用具、玩好的机构。

114. 彩绘漆耳杯

Colored Lacquer Cups with Ears

西汉南越国时期

1986 年东山区农林上路工地 M3 出土

①长 11.8、宽 10.2、高 3 厘米

②长 13、宽 11、高 3.5 厘米

　　春秋时期的典籍《礼记·月令》有"物勒工名，以考其诚，工有不当，必行其罪，以穷其情"的记载。秦自商鞅变法后，规定在手工业部门的产品中选取若干件，依次刻凿（或铸出、撰写）有主持监制的最高职能部门及其下属各职守官员与制作工匠的名字，所谓"物勒工名，以考其诚"。这两件彩绘漆耳杯分别在底书"万""平"字样。

①

②

⊙ 丧葬习俗

　　广州地区秦、南越国时期（即西汉早期）墓葬除王墓外，一般成片分布，以竖穴木椁墓为多，也有土坑墓，其中底铺小石子、带腰坑的墓具有典型越式风格。木椁墓按椁室结构分为箱式、立柱式与人字顶式，后两种数量较少，属越式墓；箱式椁室墓数量较多，属汉文化风格。无论越式、汉式墓葬，基本都有越文化特色器物随葬。

底铺石子木椁墓（2009年浮扶岭遗址 M511）

底铺小石子带腰坑墓
（2010年西湾路旧广州铸管厂地块 M54）

俯视

侧视

立柱式竖穴木椁墓（2011年西湾路旧广州铸管厂地块 M122）

人字顶木椁墓（2004 年农林东路工地 M1）

115. 陶瓿

Pottery Vessel

西汉南越国时期

1982 年白云区瑶台柳园岗 M11 出土

口径 10.9、腹径 23、底径 13.5、盖径 12.2、通高 17.5 厘米

　　瓿有陶质亦有铜质，圆口、深腹、圈足，用以盛酒或水。这件陶瓿腹部装饰有水波纹和绚纹。

116. 陶提筒

Pottery Bucket

西汉南越国时期
2010 年越秀区先烈中路市委党校工地 M5 出土
口径 34.5、盖径 39.5、通高 44 厘米

多出于贵族大墓，是岭南地区特有的盛储器，可藏酒、装粮食。
器身腹上部两侧附 2 个对称拱形耳，可穿绳。

117. 陶五联罐

Pottery Five-part Jar

西汉南越国时期
2001年东山区太和岗路御龙庭工地M89出土
边长17.5、通高9厘米

　　全器由五个小罐联成，外围四罐底部各附一足。
居中小罐肩腹部仅饰凹弦纹，外围四罐肩腹部饰篦点
纹带和水波纹带，以凹弦纹相间。盖分三组，造型、
纹饰与盖纽形状各不相同。

118. 陶三足小罐

Three-legged Pottery Jar

西汉南越国时期

2006 年越秀区东风东路金色家园工地 M90 出土

口径 8.2、腹径 15.6、通高 13.6 厘米

　　盖与器身遍布细密戳印纹装饰。器身两侧饰衔
环形装饰，三足呈双卷云状。

119. 陶匏壶

Pottery Gourd-shaped Pot

西汉南越国时期

2003 年东山区农林东路工地 M30 出土

口径 4.4、腹径 17.6、通高 20.9 厘米

　　形似匏瓜，是盛酒或水的容器，流行于战国至汉代。广州西汉南越国时期的陶匏壶均为矮身，西汉中、后期变为修长、分节清楚，东汉时期消失。

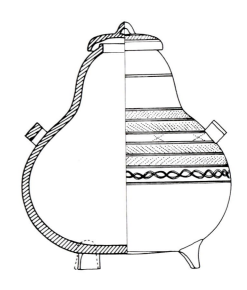

120. 陶鼓

Pottery Drum

西汉南越国时期

1986 年东山区农林上路工地 M3 出土

面径 19.6、底径 24.6、高 17.7 厘米

　　器形仿铜鼓。铜鼓主要分布于西南少数民族地区，最早作为炊具和打击乐使用，后逐步成为权力和财富的象征。

121. 蓝色玻璃管

Blue Glass Tubes

秦－西汉南越国时期

2009 年增城市浮扶岭遗址 M511 出土

左：长 1.8、直径 0.8、孔径 0.35～0.37 厘米；

中：长 2、直径 0.7、孔径 0.34～0.4 厘米；

右：长 1.7、直径 0.9、孔径 0.37 厘米

　　经科学检测，左、中为植物灰型钠钙玻璃，右则为钾钙玻璃。植物灰型钠钙玻璃为西亚地区输入品，而钾钙玻璃为我国自制，主要流行于战国时期楚国境内。与这两种相似器形和成分体系的玻璃管，在湖北、湖南、江苏等地战国墓葬中均有发现。这 3 件应为越人南迁过程中，从岭北传入岭南地区的。

南越王墓

位于广州市解放北路象岗山，1983年发掘。是岭南地区考古发现规模最大、保存最完好、出土文物最丰富的一座大型彩绘石室墓。

墓内随葬器物1000多件套，突出地体现了中原文化、楚文化、越文化和海外文化的交流和融合。

墓内出土的波斯银盒、原支非洲象牙、红海乳香等是岭南地区目前发现的年代最早的舶来品，是广州作为海上丝绸之路东端重要港口和商业都会的重要物证。

南越王墓主棺室

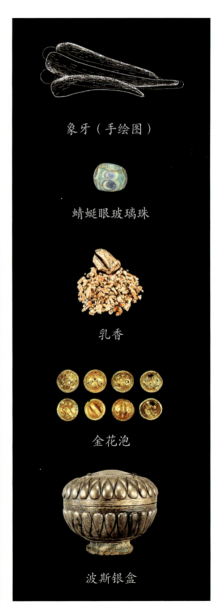

象牙（手绘图）

蜻蜓眼玻璃珠

乳香

金花泡

波斯银盒

南越王墓出土部分文物

瑶台柳园岗 11 号墓

　　位于白云区三元里瑶台，1982 年发掘。为大型单室木椁墓，木椁的结构形制与长沙战国至汉初的墓葬相类。墓坑长 4、宽 3、残深 6 米。葬具为一棺一椁，木椁保存完好，椁盖板上置一箕踞而坐的镇墓木俑，椁外四周与墓坑土壁留有一定空位，用沙或土填实。墓主人尸骨全朽，仅存乌黑头发一束。随葬品置于棺具四周，以漆、木器为主，还有陶器和铜器，共 101 件。墓主人应是南越国的一位高级官吏。

柳园岗 M11

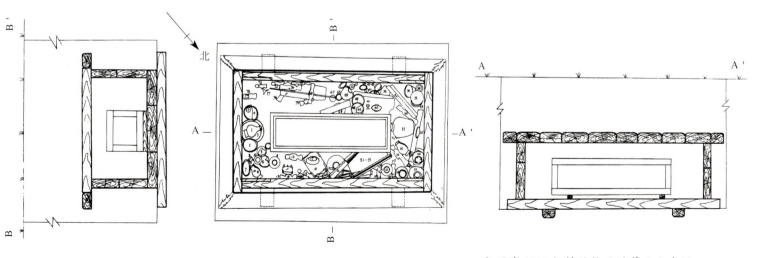

柳园岗 M11 棺椁结构及随葬品分布图

122. 木俑

Wooden Figurines

西汉南越国时期

1982 年白云区瑶台柳园岗 M11 出土

从左至右高 43、37.7、34.9、21.8、9.9 厘米

一组木俑分侍女俑、乐舞俑和武士俑。侍俑多彩绘，有的造型简单，可见描绘出的眉、眼，乐舞俑等做工较细，雕刻出五官。有的俑身隐约可见残留红色朱砂衣纹。

123. 木镇墓俑

Wooden Guardian Figurine

西汉南越国时期
1982 年白云区瑶台柳园岗 M11 出土
高 56、厚 19 厘米

出土时应蹲踞坐于椁盖板上。圆目高鼻，躯体肥胖，前胸饰墨绘卷云纹，即所谓"断发文身"（越人"常在水中，故断其发，文其身，以象龙子，故不见伤害也"）。右手伸掌于胸前，左手下弯作握阳具状。

出土时场景

124. 漆耳杯

Lacquered Cups with Ears

西汉南越国时期

1982 年白云区瑶台柳园岗 M11 出土

①长 13.5、宽 10.2、高 3 厘米

②长 13.9、宽 11.2、高 2.7 厘米

①

①

②

125. 木梳

Wooden Comb

西汉南越国时期

1982 年白云区瑶台柳园岗 M11 出土

长 8、宽 4.8、最厚 1.1 厘米

与一面四山纹铜镜同出土于木胎漆
奁内。

126. 木簪

Wooden Hairpin

西汉南越国时期
1982 年白云区瑶台柳园岗 M11 出土
长 17.5 厘米

①

127. 木璧

Wooden Disks *(Bi)*

西汉南越国时期
1982 年白云区瑶台柳园岗 M11 出土
①外径 19、内径 5.6、厚 1 厘米
②外径 19、内径 5.2、厚 1 厘米

②

128. 原始瓷碗
Proto-Porcelain Bowl

西汉南越国时期

1982 年白云区瑶台柳园岗 M11 出土

口径 8.1、底径 3.9、高 3.5 厘米

129. 陶熏炉

Pottery Incense Burner

西汉南越国时期

1982 年白云区瑶台柳园岗 M11 出土

口径 10.3、盖径 12.7、残高 7.9 厘米

底原应附有三足。

130. 铜鼎

Bronze Tripod (*Ding*)

西汉南越国时期

1982 年白云区瑶台柳园岗 M11 出土

口径 15.1、腹径 19.9 、通高 14.9 厘米

　　有覆钵形盖,盖上有三环纽,环上起乳丁。鼎身呈扁圆球形、敛口、设两长方形耳,耳沿外撇、圜底附三蹄足。

131. 铜壶

Bronze Pot

西汉南越国时期

1982 年白云区瑶台柳园岗 M11 出土

口径 8、腹径 16.7、足径 12.3、通高 26.4 厘米

　　直口、鼓腹，广圈足上镂三角形孔，颈、腹部施加雷纹，附漆木盖。

132. 铜瓿

Bronze Vessel

西汉南越国时期

1982 年白云区瑶台柳园岗 M11 出土

口径 8.5、腹径 19、足径 13.8、通高 18.5 厘米

　　造型别致，圈足饰竖长条形镂孔，器腹部
饰雷纹和编织纹，附漆木盖。

133. 陶瓿

Pottery Vessel

西汉南越国时期

1982 年白云区瑶台柳园岗 M11 出土

口径 10.9、腹径 23.2、底径 13.5、盖径 12.2、通高 17.5 厘米

　　盖面、器身饰篦点纹、弦纹、波浪纹等，纹饰细密精致。
两耳的上部各有一"臣辛"戳印。

西村凤凰岗 1 号墓

　　位于荔湾区西村凤凰岗，1983 年发掘。为带墓道的竖穴单室木椁墓，长 13.8、宽 5.7 米，规模仅次于象岗山南越王墓和农林东路"人"字顶木椁墓。此墓被严重盗扰，残存少许陶器和玉器，出土玉器较为精美，有璧、璜、环、龙形佩饰、虎形佩饰、舞人配饰、剑格等 20 余件，劫后余存的玉器无论是数量还是质量，在广州除南越王墓之外无出其右，推断墓主人应是南越国王室或高级贵族。

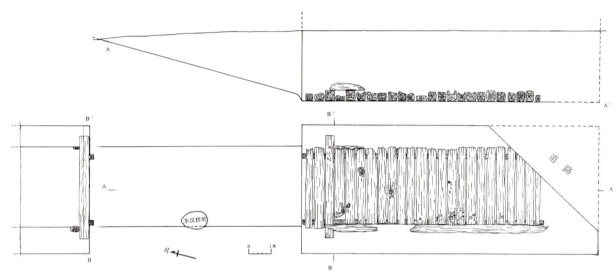

西村凤凰岗 M1 平、剖面图

134. 玉璧

Jade Disk (*Bi*)

西汉南越国时期

1983 年荔湾区西村凤凰岗 M1 出土

外径 10.5、内径 4、厚 0.5 厘米

135. 玉璜

Jade Semicircular Tablets (*Huang*)

西汉南越国时期

1983 年荔湾区西村凤凰岗 M1 出土

①长 14.1、宽 4.3 厘米

②长 14.9、宽 4.8 厘米

表面残留朱砂痕。

①

②

136. 玉环

Jade Ring

西汉南越国时期

1983 年荔湾区西村凤凰岗 M1 出土

外径 8.8、内径 5、厚 0.3 厘米

　　青玉，残存三分之二，透雕卷云纹，器形线条流畅，雕工精细。

137. 玉环
Jade Ring

西汉南越国时期
1983 年荔湾区西村凤凰岗 M1 出土
残长 7、宽 1.5 厘米

138. 玉片饰
Jade Flake Ornaments

西汉南越国时期
1983 年荔湾区西村凤凰岗 M1 出土
长 2.1、宽 1.8 厘米

139. 玉牙形饰
Jade Tooth Ornaments

西汉南越国时期
1983 年荔湾区西村凤凰岗 M1 出土
长 2.9、宽 0.8 厘米

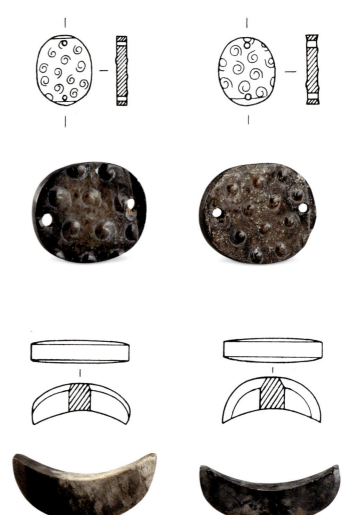

140. 玉佩饰

Jade Pendant

西汉南越国时期
1983 年荔湾区西村凤凰岗 M1 出土
残长 5.6、宽 2、厚 0.3 厘米

　　青玉，黄褐色，部分钙化。应为一透雕兽首的上半部分，两角内卷，鼻以下断裂，左侧雕刻装饰亦残断。

141. 虎形玉佩

Jade Tiger

西汉南越国时期
1983 年荔湾区西村凤凰岗 M1 出土
长 7.1、宽 2.3、厚 0.3 厘米

　　青玉，由一虎二龙构成。虎身残端，二龙在其另一侧，呈相对状，前足抬起，亦残。

142. 玉串饰

Jade Ornament

西汉南越国时期
1983年荔湾区西村凤凰岗M1出土
长4.4、宽1.4厘米

　　扁平长条形，周边阴刻一圈凹线纹，中间阴刻勾连谷纹，两端有圆孔相通。

143. 玉串饰

Jade Ornament

西汉南越国时期
1983年荔湾区西村凤凰岗M1出土
长3.2、中宽1.4厘米

144. 玉串饰

Jade Ornament

西汉南越国时期
1983年荔湾区西村凤凰岗M1出土
长3.2、中宽1.5厘米

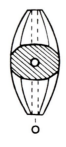

145. 玉鱼

Jade Fish

西汉南越国时期

1983 年荔湾区西村凤凰岗 M1 出土

长 3.8、宽 1.9、厚 0.5 厘米

　　鱼形，两面装饰有卷云状鱼鳞，靠头部稍
宽。上背部浮雕卷云状双鳍、腹前部一鳍向前
卷。头尾有一圆孔贯通。

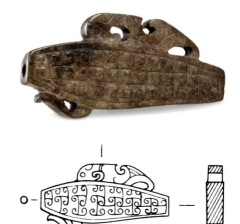

146. 玉人

Jade Figurine

西汉南越国时期

1983 年荔湾区西村凤凰岗 M1 出土

高 2.2 厘米

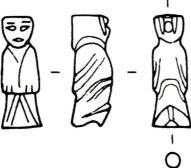

147. 玉人

Jade Figurine

西汉南越国时期

1983 年荔湾区西村凤凰岗 M1 出土

高 2 厘米

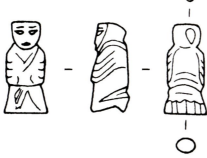

148. 玉蝉
Jade Cicada

西汉南越国时期
1983 年荔湾区西村凤凰岗 M1 出土
长 3.6、宽 2.1、厚 0.9 厘米

　　青玉，玉质坚硬。背部隆起，扁鼻突眼，身上阴刻羽纹，腹部阴刻出足部，体现了工匠高超的技艺与细致的观察力。

149. 龙形玉佩
Jade Dragon

西汉南越国时期
1983 年荔湾区西村凤凰岗 M1 出土
长 6.4、宽 2.7、厚 0.4 厘米

　　龙形玉佩由青玉制成，呈半月形。龙头回首，前足往前伸，背部隆起，后足向后弯曲，龙尾下垂，身上阴刻细线卷云纹饰。

150. 玉舞人

Jade Dancing Figurine

西汉南越国时期

1983 年荔湾区西村凤凰岗 M1 出土

高 7、宽 2.5、厚 0.5 厘米

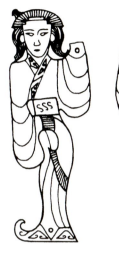

　　玉舞人由青玉制成，呈扁平体。造型为一直立舞女，头盘发髻，右上角插一发簪，左右两辫垂肩，脑后阴刻下垂纱巾。上身着宽袖衣，下长裙曳地，裙角向右卷起，右手叉腰，左手上扬，手部残断。裙摆中部和左手腕处各有一小孔。整个器物雕工细腻、线条流畅、造型生动。与著名的西汉海昏侯刘贺墓出土的玉舞人造型极为近似，两件残缺的地方正好互为补充。

151. 玉剑格

Jade Crossguard (*Ge*)

西汉南越国时期
1983 年荔湾区西村凤凰岗 M1 出土
长 5.6、宽 1.9、厚 2.1 厘米

玉剑格是剑柄与剑身之间的玉饰，也有护手的作用。

152. 玉剑珌

Jade Sword Chape (*Bi*)

西汉南越国时期
1983 年荔湾区西村凤凰岗 M1 出土
长 6.4、宽 2.7、厚 1 厘米

玉剑珌（bì）装饰于剑鞘套末端。

第二单元

岭南首府（西汉中晚期—东汉）

汉平南越，设置南海、苍梧、郁林、合浦、交阯、九真、日南、珠崖、儋耳等九郡，后又设交州刺史，治所在苍梧郡治广信，番禺仍为南海郡治。这一时期铁器与牛耕技术在岭南推广。考古发掘出土的实物体现出明显的中原风格。

防城护垣

早期广州城以夯土为墙，东汉末年或三国时期开始用砖包土墙。考古发现汉至唐代广州城的北界大致在今越华路以南，东界大致在今旧仓巷以西，南界大致在今惠福东路以北，西界大致在今华宁里、流水井以东。

153. 手印纹砖
Brick with Handprint Pattern

东汉

2010 年越秀区中山四路东山印象台工地出土

长 35、宽 21、厚 5.2 厘米

154. 菱形纹刀形砖
Knife-shaped Brick with Diamond Patterns

东汉

2010 年越秀区中山四路东山印象台工地出土

长 37.5、宽 18.3、厚 4.8 ～ 6.5 厘米

　　扁平面及两长侧面拍印菱形纹。

155. 戳印文字砖

Brick with Stamped Seal

东汉

2010 年越秀区中山四路东山印象台工地出土

长 34、宽 19、厚 5.7 厘米

　　扁平面戳印有文字，似为"唐州"二字。

156. 印花纹砖

Brick with Decorative Patterns

东汉

2010 年越秀区中山四路东山印象台工地出土

长 34.2、宽 20.3、厚 6 厘米

157. 网格十字纹刀形砖
Knife-shaped Brick with Cross Pattern

东汉

2010 年越秀区中山四路东山印象台工地出土

长 34、宽 17.8、厚 4～7 厘米

158. 陶蒺藜
Pottery Caltrop Traps

东汉

2000 年越秀区西湖路光明广场工地出土

最大者宽 7.9、高 7.3 厘米

　　陶蒺藜为带刺的障碍物，多和滚木等储备于城墙之上，战时抛撒在城外地面，可阻碍战马、敌军前进。

农业经济

东汉，尤其是后期，广州的地主庄园经济得到发展，考古出土的陶仓、囷、城堡、楼等都是重要物证。

⊙ 农业开发

汉代番禺作为南海郡郡治，从中原传入的铁器、牛耕技术的应用逐渐普及，人们开垦农田，发展生产，形成新的村落。墓葬中出土的水田模型以及仓、囷等存储粮食的模型明器，反映了当时农业生产的情况。

159. 陶仓

Pottery Barn Model

西汉

1996 年天河区横枝岗 1 号远东风扇厂工地 M18 出土

长 41.5、宽 27.5、高 27.2 厘米

　　仓为长方形储藏粮食的建筑。广州出土的陶仓一般均为悬山顶两面坡式。仓正中辟一高离地面的长方形门。墙面刻划横竖线纹，以示柱枋构架。仓内底台前后共有六个圆形穿孔，当设木柱支撑，使仓高离地面，起防潮、防兽作用。

160. 陶仓

Pottery Barn Model

西汉

1973 年白云区三元里马鞍岗 M1 出土

长 40、宽 24.7、高 23.5 厘米

　　分前后两部分，前为横廊，进深较小，后部是储放粮食的仓室。底有穿孔，原应有木柱支撑，为干栏式建筑结构。

161. 陶仓

Pottery Barn Model

东汉

2010 年荔湾区西湾路旧广州铸管厂地块 M35 出土

长 26、宽 20、高 22.6 厘米

　　陶仓的大门两侧墙壁透雕人像，似为门神。

162. 陶仓

Pottery Barn Model

东汉

2010 年越秀区先烈中路市委党校工地 M2 出土

长 40.3、宽 25.4、高 23.1 厘米

前面的屋檐两重，有前廊，前廊前及其左右亦开气窗。

163. 陶囷

Pottery Granary Model

西汉

1979 年海珠区工业大道河南塑料十五厂工地 M2 出土

身径 26、底边长 24.4、盖径 32.5、通高 25.3 厘米

圆角四边形地台板上内部有 4 圆孔，以安装木柱支承囷体高离地面，木柱已朽。门两侧突出门框，上有凸起，当为栓门板用。圆盖顶中一尖突，显示原是用稻草编织的上盖，在此收束。

164. 陶囷

Pottery Granary Model

西汉

1999 年天河区恒福路内环路工地 M21 出土

身径 29.3、盖径 29.3、通高 29.5 厘米

　　囷（qūn）是贮存粮食的圆形建筑。

⊙ 劳作剪影

　　广州汉墓出土大量劳作陶俑，形态各异。有着衣的，有裸身的；有立姿，有跪姿；头顶有缠巾的，有戴斗笠的；耳部有穿孔的，有戴耳环的；有携童的，有劳作的……肩扛手提或随身佩带的物件各不相同，是庄园劳动者的真实写照，从侧面体现了汉代广州地区的生产与生活方式。

165. 陶俑

Pottery Figurines

东汉

2009 年黄埔区大田山 M1 出土

高① 19.5、② 19.6、③ 16.9、④ 20、⑤ 19.3、⑥ 18.6、⑦ 17.1、⑧ 20.5 厘米

出土陶俑共 8 件，其中⑤⑥ 2 件陶俑手持农具，同时又佩带武器，代表了平时耕作，需要时充当庄园护卫的家兵——部曲的形象。

⊙ 屋舍俨然

先秦时越人多住竹木结构的干栏式茅舍，汉代建筑则以夯土与木构架的混合结构为主。西汉后期与东汉墓葬出土大量陶屋明器，很多顶上都有铺瓦。除干栏式建筑外，还有曲尺形的砖瓦平房、楼阁式的宏丽建筑，亦有城堡形的府邸。

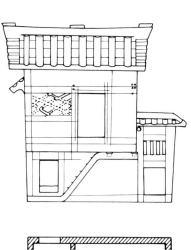

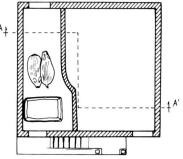

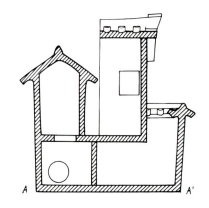

166. 曲尺干栏式陶屋

Pottery Building Model

西汉

1999 年东山区先烈南路大宝岗 M5 出土

长 26、宽 25、高 30.6 厘米

平面呈正方形，由前高后低两部分组成。分上下两层，下层为干栏。上层前部是高大的横堂，左后侧为厕所。悬山顶，两面坡上以直线纹表示铺设板瓦、瓦沟清晰。下层开长方形门或圆形狗洞，一侧内部有两头小猪一首一尾匍匐在地，前有食槽。

167. 曲尺式陶屋

Pottery Building Model

东汉

2009 年海珠区官洲岛花果山 M7 出土

长 26.5、宽 25.5、高 24 厘米

　　为曲尺式屋，平面方形。由主屋、右后室及后院组成。悬山顶，脊端微微上翘。横前室正中开一方形门，门上有三个圆形门簪。墙左上设窗。门内有两俑，反映舂米、扬米的劳作场景。左围墙中部墙根处有一圆形狗洞，有一犬正从洞中探出头来，其旁设单扇门，院墙开有直棂窗和通风口。右后室后墙设一狗洞，有一小猪从畜舍内探头而出。

168. 曲尺式陶屋
Pottery Building Model

东汉

2003 年番禺区小谷围港尾岗 M16 出土

通长 26、宽 25、高 22 厘米

　　曲尺状，分前室、右后室及院内的猪圈。屋
内 3 俑舂米筛糠，一俑攀窗给后院猪投食。

169. 曲尺式陶屋
Pottery Building Model

东汉

2003 年番禺区小谷围港尾岗 M17 出土

长 33、宽 33.6、高 28 厘米

　　内有高台，上挖一长条坑，为厕所。

170. 楼阁式陶屋
Pottery Building Model

东汉

1999年东山区先烈中路工地 M1 出土

长 24、宽 23.2、高 31.6 厘米

　　灰褐胎，硬陶。火候较高，正面有变形。平面略呈正方形，布局略似"三合式"，堂屋左角上增建四阿式顶望楼，成上下两层的结构，楼板略外伸。望楼正面、右面均开窗，各有一陶俑守望。堂屋正面镂空成斗拱立柱及窗扉等木结构形式。右廊屋架空底层与后院连通，可能是厕所。左廊屋为畜舍，开一小门，设斜梯，有一俑驱赶家畜沿梯进入畜舍。

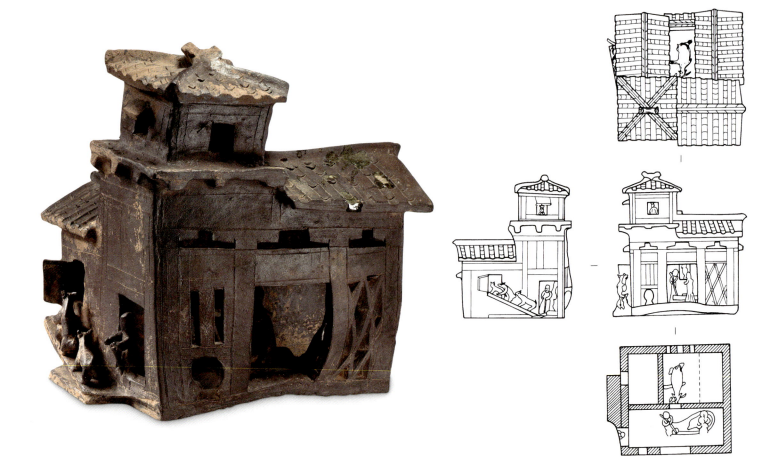

171. 陶楼

Pottery Building Model

东汉

2010 年越秀区东风东路中山大学附属肿瘤医院工地 M20 出土

长 26.5、宽 28.8、高 27.5 厘米

　　建筑整体呈中轴对称形式，分前室、左右护院、左右后室、中后阁楼组成。前室门内外站立数俑，有两俑似配有武器，应为站于院门前的守卫。右院及右后室内有六只牲畜。左院右侧有梯子。二层阁楼外有凭栏。

⊙ 六畜兴旺

　　东汉时期墓葬普遍随葬猪、羊、牛、狗、鸡、鸭等牲畜禽类模型，这些动物形象一般憨态可掬、稚拙，有时与陶屋同时出土，可见当时广州地区普遍养殖家禽家畜，"六畜兴旺"是农业社会的理想场景。

172. 陶猪

Pottery Pig Model

东汉

2012 年越秀区先烈中路广州动物园工地 M4 出土

长 21.1、宽 7.8、高 9.8 厘米

173. 陶牛

Pottery Cow Model

东汉

2012 年越秀区先烈中路广州动物园工地 M4 出土

长 20.9、宽 6.8、高 12.2 厘米

174. 陶狗
Pottery Dog Model

东汉

2003 年番禺区小谷围大江山 M10 出土

长 19.4、宽 6.8、高 18.4 厘米

175. 陶鸡
Pottery Chicken Model

东汉

2012 年越秀区先烈中路广州动物园工地 M4 出土

长 15.9、宽 11.2、高 11.8 厘米

176. 陶羊
Pottery Goat Model

东汉

2012 年越秀区先烈中路广州动物园工地 M4 出土

长 16.8、宽 5.7、高 9.2 厘米

177. 陶鸭
Pottery Duck Model

东汉

2012 年越秀区先烈中路广州动物园工地 M4 出土

长 14.3、宽 10.9、高 11.2 厘米

⊙ 凿井取水

汉代广州地区水源丰富，先民们大量开凿水井。清洁的井水不仅可供饮用，还可以用于灌溉生产，大大促进了社会经济的发展。当时的水井有木围井、瓦圈井和砖砌井等多种类型。

2012 年东风中路东汉木构水井　　2005 年中山五路大马站东汉陶圈井　　2005 年中山五路大马站东汉砖砌井

178. 陶井
Pottery Well Model

东汉
2003 年番禺区小谷围港尾岗 M16 出土
口径 13.3、底径 22、身高 13.3 厘米

　　圆形地台，有四个方形柱础，上承四阿井亭。一俑趴在圆形井栏边，似在汲水。井栏可防止打水者或孩童不慎掉落井内，也可防止地上污物被风吹入井内。由于广州多雨，古人又多加盖井亭以防止井水被污染。

179. 陶井

Pottery Well Model

东汉

2014 年越秀区恒福路铁路疗养院工地 M5 出土

口边长 12、底边长 21.5 ～ 23.1、身高 15.6 厘米

方形地台，四角有柱础，原应立有木柱支撑亭盖，木柱已朽。井栏为方形。

180. 陶井

Pottery Well Model

东汉

2010 年荔湾区西湾路旧广州铸管厂地块 M35 出土

口径 12.4、底径 23.8、身高 14.6 厘米

181. 陶井

Pottery Well Model

东汉

2008 年越秀区太和岗路淘金家园 M112 出土

口径 14、底径 24.5、身高 15.7 厘米

⊙ 货币流通

随着岭南纳入中央政府管辖，秦"半两"、汉"五铢"、新莽"大泉五十"等货币在广州地区流通使用。

182."五铢"铜钱
"Wu Zhu" Copper Coin

汉
2000 年越秀区西湖路广百新翼工地出土
直径 2.5、厚 0.1 厘米

钱上有"五铢"二篆字，标明重量，故名。汉武帝元狩五年（公元前 118 年）开始铸造。它继承了秦半两钱的形制，确立了外圆内方、轻重适度的铜质钱币。

183."大泉五十"铜钱
"Da Quan Wu Shi" Copper Coins

新莽时期
1999 年东山区先烈南路大宝岗 M8 出土
直径 2.8、厚 0.3 厘米

王莽新朝居摄二年（公元 7 年）始铸，铸行时间仅 13 年，但却是王莽新朝通行货币中流通时间最长、铸量最大的货币。"泉"是"钱"的借用，版别甚多。

184. "大泉五十" 铜钱

"Da Quan Wu Shi" Copper Coins

新莽时期

2011 年荔湾区西湾路旧广州铸管厂地块 M151 出土

　　M151 为大型夫妇合葬竖穴木椁墓。铜钱随葬于女墓主人头部一侧，估计原有木匣盛装，数量约 3000 枚，为广州地区考古发现罕见。

"大泉五十" 铜钱出土现场

185. 金饼

Gold Disk

新莽时期
2011 年荔湾区西湾路旧广州铸管厂地块
M151 出土
直径 6 厘米

　　出土于女墓主人头部位置，重 250 克。刻划有"朱""山"等文字。这是迄今为止广东地区考古发现的唯一一枚金饼。

金饼出土情景

海幅寺汉代窑场堆积

⊙ 窑业生产

两汉时期，陶窑生产技术有了进一步的提升，出现专门生产砖与生活用陶的窑场。

海幅寺汉代窑址，位于珠江南岸、同福西路北侧，海幢寺附近，1997年发掘。发现陶瓮罐排列堆砌的遗迹，出土遗物极为丰富，除各类生活器具外，还有模型器、陶塑和建筑材料等。遗物与广州汉墓出土的造型、纹饰、烧制工艺十分相似。烧造时期大约是从西汉中后期到东汉后期。

186. 陶范
Pottery Mould

汉

1997年海珠区同福西路海幅寺汉代窑址出土

长10.3、宽5、高3.3、厚0.8厘米

背面刻划细浅文字，无法辨识，但隐约可见"连"字。应为鼎、盒、樽、案等陶器器足的模范。

陶器足（翻模制作品）

187. 陶瓿

Pottery Pot

汉

1997 年海珠区同福西路海幅寺汉代窑址出土

口径 20.8、腹径 33.6、底径 24.8、高 36.2 厘米

　　泥质红陶。肩腹部拍印方格纹加五铢钱与三角纹组合的戳印纹，下腹部泥条盘筑痕迹明显。

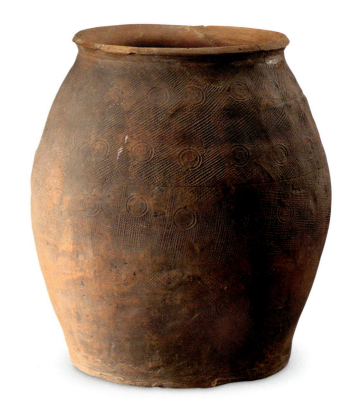

188. 青釉陶盂

Green-glazed Pottery Jar

汉

1997 年海珠区同福西路海幅寺汉代窑址出土

口径 14.7、底径 11、高 9.5 厘米

189. 红陶盂

Red Pottery Jar

汉

1997 年海珠区同福西路海幅寺汉代窑址出土

口径 2.6、腹径 6.25、底径 4.4、高 3.5 厘米

190. 青釉陶钵

Green-glazed Pottery Bowl

汉

1997 年海珠区同福西路海幅寺汉代窑址出土

口径 13.2、底径 6.3、高 6.5 厘米

191. 陶盆

Pottery Basin

汉

1997 年海珠区同福西路海幅寺汉代窑址出土

口径 19.8、腹径 20.9、底径 12.5、高 8.8 厘米

192. 陶碗

Pottery Bowl

汉

1997 年海珠区同福西路海幅寺汉代窑址出土

口径 14、足径 6、高 6.6 厘米

193. 红陶罐

Red Pottery Jar

汉

1997 年海珠区同福西路海幅寺汉代窑址出土

口径 12.8、腹径 18.2、底径 14.8、高 14.2 厘米

194. 青釉陶盂

Green-glazed Pottery Jar

汉

1997 年海珠区同福西路海幅寺汉代窑址出土

口径 13.6、底径 6.5、高 8.5 厘米

195. 陶双耳罐

Green-glazed Pottery Jar with Two Ears

汉

1997 年海珠区同福西路海幅寺汉代窑址出土

口径 11、腹径 20.9、底径 12.8、高 19.8 厘米

196. 陶直身罐

Green-glazed Pottery Jar

汉

1997 年海珠区同福西路海幅寺汉代窑址出土

口径 9、腹径 13.8、底径 12.2、高 12.5 厘米

197. 陶盆

Pottery Basin

汉

1997 年海珠区同福西路海幅寺汉代窑址出土

口径 20、腹径 21、底径 14.8、高 6.2 厘米

198. 陶饼

Pottery Burial Money

汉

1997 年海珠区同福西路海幅寺汉代窑址出土

上径 1.5、下径 2.6、高 1.9 厘米

199. 红陶钵

Red Pottery Bowl

汉

1997 年海珠区同福西路海幅寺汉代窑址出土

口径 16.5、腹径 18.7、底径 12、高 7 厘米

200. 陶网坠

Pottery Net Sinkers

汉

1997 年海珠区同福西路海幅寺汉代窑址出土

长径 4.4、短径 2.8、高 3.48 厘米

201. 陶碗

Pottery Bowl

汉

1997 年海珠区同福西路海幅寺汉代窑址出土

口径 9、底径 4.5、高 5.2 厘米

202. 青釉陶圈足碗

Green-glazed Pottery Bowl with Ring Foot

汉

1997 年海珠区同福西路海幅寺汉代窑址出土

口径 10.5、足径 5.3、高 6.6 厘米

203. "永元九年甘溪造" 铭文砖

Brick with Inscriptions "Made in the Ninth Year of Yongyuan in Ganxi"

东汉
1999 年天河区恒福路内环路工地出土
长 26.2、宽 16.3、厚 5.4 厘米

青灰色，夹砂，质硬。扁平一面戳印有"永元九年甘溪造万岁富昌"铭文。永元九年即公元 97 年，"甘溪"是从广州东北白云山流经淘金坑附近的一支水名，又是淘金坑附近的地名，在城区北面，至今沿用。同时出土的还有"甘溪灶九年造"等铭文砖，甘溪灶即甘溪砖窑，汉代多以地名为制砖窑场的名称，应是当时官办窑场。

"永元九年甘溪造万岁富昌"铭文砖拓片
（1963 年广州汉墓 M5065 出土）

生活百态

⊙ 饭稻羹鱼

独特的地理环境、资源条件和人文历史孕育了广州人富有特色的饮食文化，秦汉时期，岭南地区也和江南地区一样已形成"饭稻羹鱼"的饮食特点。

炊具

广州汉代炊具主要有鼎、鍪（móu）、釜和甑（zèng）、锅、烤炉、煎炉、灶等。煮食用釜、蒸食用甑，置于灶眼之上，以柴草为燃料。炉灶的普遍出现，是汉代炊事上的一大进步，连眼灶和灶旁贴附水缸都体现了当时人们充分利用能源的智慧。

204. 陶灶
Pottery Stove Model

东汉
2010 年荔湾区西湾路旧广州铸管厂地块 M35 出土
长 38、宽 26、高 12 厘米

205. 陶灶

Pottery Stove Model

东汉

2003 年番禺区小谷围姑婆庙工地 M7 出土

长 26.4、宽 15、通高 11.6 厘米

灶额开有三角形镂孔，灶门左侧地台有一俑扶墙垂手而立，右侧一犬长尾上翘搭于背部昂首蹲立。两边灶壁均附有一水缸，各有一俑攀附，似在舀水。灶尾有上翘的龙头形烟突，侧卧一犬，卷尾回首。烟突下无出烟孔。灶面划双线纹。

206. 陶灶

Pottery Stove Model

东汉

2003 年东山区执信路执信中学工地 M56 出土

长 39、宽 25.2、通高 20.2 厘米

胎色白，局部残留青釉，灶面开三个灶眼，置四釜一甑。烟突处横趴一犬，后部残。灶身两侧各附两深腹水缸。灶尾地台两侧分别附一鸡一犬，后壁右上角攀附一壁虎，尾残。

207. 陶灶

Pottery Stove Model

东汉

2003 年番禺区小谷围港尾岗 M16 出土

长 32.5、宽 12.8、通高 15 厘米

208. 陶灶

Pottery Stove Model

东汉
2003 年东山区执信路执信中学工地 M58 出土
长 29、宽 14、通高 19.4 厘米

　　灶台置于宽敞的长方形地台上，正面开一拱形灶门。灶门前有一犬蹲立，卷尾昂首，与匍匐在挡火墙上的壁虎或老鼠相望。灶台上前有釜，后有双耳大锅，与灶身粘黏一体。锅后立一俑，似庖厨烹煮。灶左右两侧各附一水缸，水缸旁各立一俑，右侧一罐一俑残。

饮食器

广州出土的汉代食具主要有盛装食物的碗、盘、豆等，盛装酒水的罐、樽、钫、杯等，还有祭祀或重要典礼仪式上使用的鼎、盒、壶等。

209. 陶小口壶

Pottery Pot with Small Mouth

东汉
1999 年东山区先烈南路大宝岗 M5 出土
口径 4.3、腹径 17.5、足径 11.1、高 21.2 厘米

小口，细颈，圈足与耳相对处分别有一穿孔，以穿绳提取。

210. 陶簋

Pottery Bowl (*Gui*)

西汉

1999 年东山区先烈南路大宝岗 M5 出土

口径 24.5、腹径 25、足径 15、通高 23.1 厘米

　　食器。造型具地方特色。大口、高唇，唇与腹有明显分界。唇部镂孔。陶簋在西汉后期开始通行，常与温酒樽、壶、盒等同置，多用于盛装肉食。今粤语中仍有"九大簋"的说法，意为设宴盛情款待客人。

211. 陶温酒樽

Pottery Wine Vessel

东汉

2003 年番禺区小谷围河岗山 M16 出土

口径 21、底径 21、通高 23.2 厘米

　　酒具。直腹，平底，下附三个蹲坐的人形足，器身有一对衔环铺首（环残）。子母口合盖。盖面斜弧、平顶，半圆衔环纽。器身中部以上及盖面装饰刻划纹。

212. 青釉陶壶

Green-glazed Pottery Pot

东汉

2006 年海珠区官洲岛花果山 M1 出土

口径 12.5、腹径 20、足径 12、高 31 厘米

213. 陶勺

Pottery Spoon

西汉

2000 年东山区太和岗路波尔多庄园工地 M1 出土

长 20 厘米

214. 陶四联罐

Pottery Four-part Jar

西汉

2010 年荔湾区西湾路旧广州铸管厂地块 M25 出土

边长 21、通高 9.7 厘米

215. 铜细颈瓶

Bronze Bottle with Narrow Neck

西汉

2005 年越秀区恒福路银行疗养院工地 M46 出土

口径 6、腹径 18.4、足径 11、高 27.6 厘米

216. 铜提梁壶

Bronze Pot with Handle

西汉

2005 年越秀区恒福路银行疗养院工地 M46 出土

口径 14、腹径 28、足径 19、通高 51.5 厘米

217. 铜三足釜

Three-legged Bronze Cauldron

西汉

2005年越秀区恒福路银行疗养院工地M46出土

口径10.2、腹径16.6、通高22.5厘米

形似盉而无流，温酒器，用时以勺取酒。

218. 陶高足杯

Pottery Stem Cup

西汉

1999年东山区先烈南路大宝岗M5出土

口径7、足径10、通高18.8厘米

小口，球腹，一侧安柄、腹上部有刻划纹装饰，喇叭形圈足。盖顶立一鸟，残。该器物造型简洁优美，体现了古人的审美观。

219. 陶羊形尊

Pottery Goat-shaped *Zun*

东汉
2006 年海珠区官洲岛花果山 M1 出土
长 36、宽 22、高 56.5 厘米

  陶羊体态肥胖呈卧伏状，头部轮廓清晰，表情生动。腹部两侧分置双横耳，四足上镂小孔，应为系绳用。原施釉，大部分脱落。

220. 铜染炉

Bronze Stove for Sauce Heating

西汉

2005 年越秀区恒福路银行疗养院工地 M46 出土

底盘长 17.5、宽 14.5、通高 16 厘米

  分三部分，由染杯、镂孔炉壁及长方形的炉灶和底盘组成，出土时炉膛内残存木炭。使用时以炭火温热染杯中的调料，将肉食在染杯中染味后再食用，符合汉代人分餐饮食的习惯。染炉的出土证明了墓主陈顺身份的高贵，也从侧面反映了汉代贵族雅致的饮食生活。

221. 陶圆案

Pottery Round Tray

东汉

1997 年东山区先烈中路凯城华庭工地 M3 出土

直径 30.1、高 2.4 厘米

　　案相当于现代的桌子。与桌椅出现后的"共食""围餐"不同，汉代人们席地而坐，其饮食习惯是"分案而食"。《后汉书·梁鸿传》中"为人赁舂，每归，妻为具食，不敢于鸿前仰视，举案齐眉"中的案就是指这种有脚的托盘。案上常置杯、勺。

222. 陶耳杯

Pottery Cups with Ears

东汉

2002 年东山区太和岗路淘金家园工地 M40 出土

左：长 14.5、宽 13.4、高 4.6 厘米

右：长 11.8、宽 10、高 3.2 厘米

⊙ **车马辐辏**

　　汉代番禺水网纵横，以水上船运为主，陆路交通不如中原等地发达。广州汉墓中随葬车的数量相对较少，席棚顶牛车通常为贵族与士人使用。

223. 陶车前仪仗俑

Pottery Figurines of Ceremonial Guard

东汉
2003 年东山区农林东路工地 M57 出土
（左）高 23 厘米；（右）高 21.5 厘米

224. 陶车组合

A Set of Pottery Carriage Models

东汉

1997 年东山区先烈中路凯城华庭工地 M3 出土

陶牛：长 21.4、宽 7.5、高 10 厘米

陶车厢：长 16.2、宽 13.9、高 11.3 厘米

陶车轮：（左）直径 17、厚 3.7 厘米；（右）直径 17.2、厚 3.7 厘米

　　包括车厢、两个车轮与拉车的陶牛。车厢长方形，拱篷顶。篷上刻划水波纹
与斜方格网。车厢内前端正中端坐一俑，头围幅巾，两手置于车栏上，似持缰绳，
作赶车状。厢体后部两侧有立柱支撑车篷。车厢底两侧有伏兔，与伏兔相应车厢
内两侧各有两个镂孔，伏兔与镂孔可能与安装轮轴有关，车轮有 11 幅毂条。陶牛
四肢粗短，体形壮健，昂首曲尾，作向前用力行走状。

⊙ **俗世雅生**

　　广州出土的汉代生活用具主要有照明用的灯、烛台，盛装物品的奁、盒，薰衣香室用的炉，梳妆用的铜镜，束系革带的带钩，随身佩戴的手镯、指环、印章等。

225. 陶双头兽形器

Animal-shaped Earthware with Two Heads

汉

2003 年东山区太和岗路淘金家园工地 M40 出土

长 32.5、宽 6.8、高 13 厘米

　　器身为两虎背向相连，兽身中空，前肢前伸、仰头、瞠目张口，正中有相连的三个空槽，槽与二兽口均可相通，似为插座。

226. 陶灯

Pottery Lamp

东汉

2003 年番禺区小谷围山坟头 M1 出土

口径 10.9、底径 11、高 18.9 厘米

227. 陶兽座灯

Pottery Lamp with Beast-shaped Holder

西汉

2001 年天河区恒福路银行疗养院工地 M33 出土

长 19.4、宽 6.8、高 18.4 厘米

　　灯座为虎形，龇牙卷尾，身上线刻以示皮毛。豆形灯身，灯盘上部一周镂刻装饰，前部特意留出一缺口。虎头残留朱砂痕迹。

228. 陶雁形盒

Pottery Goose-shaped Box

西汉

1999 年东山区先烈南路大宝岗 M5 出土

口径 23.6、通高 26 厘米

　　器形如一只站立展翅的肥雁。盒盖顶略平，中心有一乳突，四片叶纹围绕，外周均匀贴塑三只小羊。

229. 陶奁

Pottery Casket

东汉
2003 年番禺区小谷围山坟头 M1 出土
口长 22.1、宽 12.4、通高 13.8 厘米

　　奁（lián）为我国古代较为常见和流行的一种专门放置女性梳妆用品的器具，也可兼作贮存美酒和食物的盛器。

230. 青釉虎子

Green-glazed Chamber Pot

东汉
1998 年东山区永福大厦工地 M4 出土
长 25、高 14.5 厘米

231. 铜辟邪灯座
Bronze Bixie Lamp Holder

东汉

1998 年东山区中山一路广铁集团工地 M10 出土

长 10.8、宽 7.8、高 8.2 厘米

　　整体锈蚀。辟邪弯角立耳，双目圆睁，獠牙外突，前肢趴开，后肢残断。丰胸、细腰、肥臀，背部及一侧各有一管状插孔。

232. 带链铜灯
Bronze Lamp with Chain

东汉
1995 年东山区农林上路工地 M2 出土
口径 10.9、高 8.5 厘米

233. 昭明连弧纹铜镜
Bronze Mirror with Inscriptions "Zhao Ming"

西汉
2005 年越秀区恒福路银行疗养院工地 M46 出土
直径 12.3、缘厚 1.1 厘米

　　半球形纽，并蒂十二连珠纹纽座，纽座外为
凸圈纹和内向八连弧纹，其外两周短斜线纹带间
夹顺时针铭文一周："内清质以昭明，光而象
夫日月，心忽而杨（扬）忠，然天分而不泄可已"。
窄缘光素。

234. 日光博局草叶纹铜镜

Bronze Mirror with Leaf Patterns

西汉南越国时期

2010 年荔湾区西湾路旧广州铸管厂地块 M189 出土

直径 12、缘厚 0.3 厘米

有"见日之光，天下大阳"铭文。

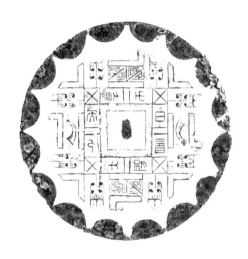

235. 昭明连弧纹铜镜

Bronze Mirror with Inscriptions "Zhao Ming"

西汉

1996 年东山区中山一路军区企业局工地 M18 出土

直径 9.6、缘厚 0.3 厘米

半球形纽，并蒂十二连珠纹纽座，纽座外为凸圈纹和内向八连弧纹，其外两周短斜线纹带间夹顺时针铭文一周："内清以昭明，光象日月忠"，每个字以"而"字间隔，又称减字昭明镜。窄缘光素，镜面光可鉴人。

236. "宜君王"博局神人禽兽纹铜镜

Bronze Mirror with Immortal Patterns

东汉

2003 年东山区执信路执信中学工地 M46 出土

直径 18、缘厚 0.8 厘米

半球形纽，圆形纽座布九乳，间有"日富昌，乐未央，宜君王"铭文，方框四角有"长宜子孙"四字，字旁衬卷云纹。其外八枚连弧座乳钉纹与规矩纹将内区分为四方八极，分置青龙、白虎、朱雀、神人等。主纹外饰短斜线圈带纹。宽平缘，饰云气纹。

237. 四乳四鸟纹铜镜

Bronze Mirror with Four Birds

东汉

1997 年东山区先烈中路凯城华庭工地 M3 出土

直径 8、缘厚 0.4 厘米

　　半球形纽，圆座，主区饰四乳四鸟纹，外有
粗疏短斜线圈带，最外圈饰锯齿纹，缘呈三角形。

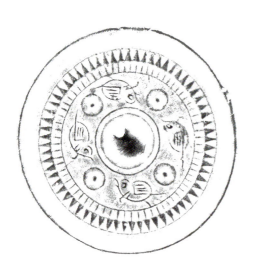

238. 玉带钩

Jade Belt Hook

西汉

2000 年天河区恒福路银行疗养院工地 M2 出土

长 4.5 厘米

239. "毛君明印"琥珀印章
Amber Seal

西汉
2001 年天河区恒福路银行疗养院工地 M21 出土
边长 1.3、高 1.5 厘米

240. 琥珀印章
Amber Seal

西汉
2001 年天河区恒福路银行疗养院工地 M21 出土
边长 1.8、高 1.6 厘米

241. "赵延康印"铜印章
Copper Seal

西汉
2008 年越秀区淘金东路淘金家园工地 M112 出土
边长 1.5、高 1.5 厘米

242. 螭虎纽玉印

Jade Seal with Dragon-shaped Handle

西汉

2008 年越秀区淘金东路淘金家园工地 M112 出土

边长 2.4、高 1 厘米

243. "陈顺私印"铜印章

Copper Seal

西汉

2005 年天河区恒福路银行疗养院工地 M46 出土

边长 1.7、高 1.6 厘米

244. "大丞之印"玉印章

Jade Seal

东汉

2002 年东山区太和岗路淘金家园工地出土

边长 1.3、高 1.3 厘米

245. 玉环

Jade Ring

西汉

2001 年东山区太和岗路御龙庭工地出土

外径 8.1、内径 5 厘米

246. 金指环

Golden Ring

西汉

2000 年天河区恒福路银行疗养院工地 M21 出土

长径 1.95、短径 1.85 厘米，重 4.9 克

⊙ **载歌载舞**

　　广州地区出土的汉代乐舞俑形态质朴、雕刻粗犷。海珠区官洲岛花果山出土的 8 件乐舞俑，舞俑与抚琴俑明显大于其他伎乐俑，反映了古代主（主角）大从（配角）小的身份秩序。

247. 陶女舞俑

Pottery Female Dancer Figurine

东汉
2006 年海珠区官洲岛花果山 M1 出土
高 35 厘米

　　着长袖长裙，手袖挥舞。束发高髻，有圆圈纹装饰，双耳戴花形耳珰。

248. 陶乐俑

Pottery Musician Figurines

东汉

2006 年海珠区官洲岛花果山 M1 出土

高 18.9 ～ 21.8 厘米

扬帆通海

秦汉时期的番禺城，凭借优越的地理区位、不断发展的造船和航海技术，与东南亚、南亚各国往来频繁，成为重要的贸易港口和商品集散中心。

⊙ 舳舻千里

珠江口河网纵横，直通大海，文献记载越人"习于水斗、便于用舟"。广州地区考古出土了数量较多的汉代陶船和木船模型，样式丰富，有适于江河湖泊上客货兼载的航船，也有行驶于支流航道的货艇和交通用的渡船，反映了这一时期发达的造船技术。

249. 陶船

Pottery Boat Model

东汉
1997年东山区先烈中路凯城华庭工地 M3 出土
长 35.2、宽 9.2、高 8.8 厘米

250. 陶船
Pottery Boat Model

东汉
2012 年番禺区小谷围山坟头工地 M4 出土
长 40、宽 12、高 12 厘米

251. 陶船
Pottery Boat Model

东汉
2008 年白云区梓元岗 M4 出土
长 44.9、宽 14.2、高 7 厘米

252. 陶船
Pottery Boat Model

东汉
2003 年东山区农林东路 M57 出土
长 38.5、宽 14.5、高 12 厘米

⊙ **珠串翠羽**

　　广州两汉时期的墓葬出土了大量串饰，材质丰富、形状多样、色彩斑斓。这些珠饰一部分是从东南亚、南亚及远自西亚、欧洲、非洲等地通过海路输入到岭南的域外珍宝，另外一部分是利用本地原料制作，但造型和工艺受海外文化影响，具有异域风格，反映了海上丝绸之路上的技术传播。

胜形琥珀

鸟形玉饰

红玉髓

绿柱石

狮形琥珀

石榴石

253. 珠饰
Beadwork

西汉
2000 年天河区恒福路银行疗养院工地 M21 出土
十二面焊珠空心金球直径 1.26 厘米、重 4.07 克

　　由形状、色泽各异的红玉髓、玛瑙、水晶、玉、琥珀、金珠组成。其中一颗镂空十二面焊珠金球体现了地中海沿岸流行的金工技法，经 X 射线荧光检测，含金量为 99%，应是通过海上交通贸易输入到岭南的域外珍玩。

玻璃珠　　　　　　　　　　　　　　　　金珠

玛瑙珠

紫水晶

黄水晶

绿玉髓

254. 水晶
 Crystals

西汉

1996 年天河区麓景路狮带岗 M1 出土

（左）长 3.38、宽 3、厚 1.7 厘米；

（右）长 3.57、宽 2.9、厚 1.5 厘米

　　茶色透明，不规则长方体，表面圆润光滑，无钻孔，应是将天然原石稍做打磨加工后的把玩件。

255. 玛瑙珠
 Agate Beads

西汉

2008 年越秀区太和岗路淘金家园工地 M112 出土

（左）长 3.75、宽 1.6、孔径 0.21~2.4 厘米；

（右）长 4.7、宽 1.4、孔径 0.19 厘米

256. 珠饰
 Beadwork

西汉

1999 年东山区先烈南路大宝岗 M5 出土

水晶珠长 1.4、径宽 1.54、孔径 0.17 厘米

　　由玻璃、红玉髓、水晶、琥珀组成。

257. 珠饰
Beadwork

西汉
2003 年番禺区小谷围港尾岗 M4 出土
横条带纹玻璃珠最大长 0.67、直径 0.69、
孔径 0.22 厘米

　　珠串中的夹银珠、条带珠与瓜棱珠，
经科学检测均为钠钙玻璃，属舶来品。

258. 珠饰
Beadwork

西汉
2005 年天河区恒福路银行疗养院工地 M46 出土
蚀花红玉髓珠长 1.4、直径 0.6、孔径 0.44 厘米

　　由红玉髓、琉璃、金珠、缠丝玛瑙、琥珀组成，
其中 1 颗直线纹红玉髓珠采用蚀花工艺，具有印度
风格。

259. 珠饰
Beadwork

西汉
2010 年越秀区先烈中路市委党校工地 M2 出土
绿玉髓珠长 1.68、直径 0.6、孔径 0.18～2 厘米

  由石榴籽石、红色玻璃珠、红玉髓、缠丝玛瑙、水晶、绿玉髓等构成。

260. 珠饰
Beadwork

东汉
1997 年海珠区新港西路南海海洋研究所工地 M1 出土
缠丝玛瑙珠长 1.77、直径 0.8、孔径 0.13～0.18 厘米

  由红玉髓、白水晶、紫水晶、琉璃、缠丝玛瑙、兽形琥珀等构成。

261. 珠饰
Beadwork

东汉
2003 年番禺区小谷围港尾岗 M2 出土
费昂斯珠长 0.83、直径 0.96、孔径 0.2 厘米

  由多齿球形费昂斯（釉砂）珠 2 粒、双锥形、扁圆形红玉髓 13 粒、深蓝色玻璃珠 4 粒构成。

262. 珠饰
Beadwork

东汉
2003 年番禺区小谷围河岗山 M9 出土
大红玉髓珠：长 0.67、直径 0.7、孔径 0.1 厘米

由红玉髓珠 2 颗、各色玻璃珠 82 颗组成。

263. 珠饰
Beadwork

东汉
2010 年荔湾区西湾路旧广州铸管厂地块 M35 出土
多面焊珠金球直径 1.13 厘米，重 1.99 克

由多面焊珠金球 1 粒、算珠形金珠 1 粒、扁椭圆形褐色琥珀珠 2 粒、榄形缠丝玛瑙珠 10 粒、扁圆形蓝色玻璃珠 7 粒、蜻蜓眼玻璃珠 1 粒构成。

264. 焊珠金耳珰
Golden Ear Pendants with Granulation

东汉
2016 年越秀区先烈中路广州动物园工地 M23 出土
长 1.4、腰径 0.7 厘米，重 5.08、5.13 克

耳珰空心，半球形的两端及束腰形的中部可分开、套接。经科学分析，该耳珰含金量仅有 80% ～ 82%，含金量相对西汉金饰品较低。同时在焊珠附近位置检测到汞，推测在焊接时可能用到了汞。

⊙ **胡俑捧辉**

岭南地区两汉墓葬出土的陶胡人俑座灯，俑的面貌、体格和着装均具有典型域外人种特征——高鼻、深目、络腮胡、裸身、跣足，反映了汉代已经有来自东南亚、南亚地区的外国人到番禺等地从事家庭劳役等工作。

265. 陶胡人俑座灯
Figurine Lamp

西汉
2010 年越秀区先烈中路市委党校工地 M6 出土
高 26 厘米

266. 陶胡人俑座灯

Figurine Lamp

西汉

1999 年东山区先烈南路大宝岗 M5 出土

高 22.8 厘米

　　灰红胎。俑为男性胡人形象。眼睛细长，高鼻梁，连腮胡，头发束于脑后折向前成髻。曲膝坐地，左腿竖曲，右腿横曲，跣足（光脚）。左手举托灯盏，右手垂直按于右腿上。颈下刻划交叉线纹，可能表示身披交襟薄纱，两小乳头突显，身上、腿上装饰线纹，可能也是汗毛发达的一种体现。

267. 陶胡人俑座灯

Figurine Lamp

汉

2001 年东山区下塘西路狮带岗 M6 出土

高 39.6 厘米

　　此俑圆眼高鼻，嘴斜张，用刻划线纹显
出浓眉和络腮胡。双足斜交于前，作盘坐状。
头顶托一细长柄灯盘，左手持灯，右臂残。

268. 陶胡人俑座灯

Figurine Lamp

东汉
1999 年天河区恒福路内环路工地 M10 出土
高 23.8 厘米

269. 陶胡人俑座灯

Figurine Lamp

东汉
2006 年越秀区农林上路一横路工地 M6 出土
高 27.7 厘米

　　陶托灯胡人俑的形象早期体态瘦弱，刻划较粗简；东汉后期体态肥圆，刻划较细致。

⊙ 香炉含熏

　　岭南地区使用熏炉焚燃香料不迟于南越国时期，所用的香料最初以草本植物为主，偶用动物油脂。随着海上贸易通道的开通，由外域输入的香料品种增多。因其香味纯正，留香久、烟气少，又有药用价值，所以很快取代香草，成为熏香的主要原料。汉代香炉的大量出土，反映了广州海路通商贸易的兴盛。

270. 铜熏炉

Bronze Incense Burner

新莽时期
2010年荔湾区西湾路旧广州铸管厂地块M151出土
炉口径12.2、通高28.5厘米

　　由独立的托盘、底座、四只首尾相连翼虎的辟邪座、羽人（胡人）炉柄、炉身、山峰状炉盖六部分组合而成，造型精美别致。

271. 釉陶熏炉

Glazed Pottery Incense Burner

西汉

2010 越秀区先烈中路市委党校工地 M2 出土

底盘口径 16、通高 16.8 厘米

青釉剥落严重，由器盖、豆形身及下盘三部分组成。这种器形的熏炉较多，有的下盘与豆形身分离，有的粘连在一起，有的则有明显粘接痕迹。

272. 釉陶熏炉

Glazed Pottery Incense Burner

东汉

2006 年海珠区官洲岛花果山 M16 出土

口径 12.8、通高 17 厘米

273. 釉陶熏炉

Glazed Pottery Incense Burner

东汉

2003 年番禺区小谷围青岗 M12 出土

底盘口径 14.6、通高 16.8 厘米

274. 釉陶熏炉

Glazed Pottery Incense Burner

东汉

2006 年海珠区官洲岛花果山 M1 出土

口径 9、通高 20.6 厘米

文化交融

⊙ 文·礼

　　南越国时期，汉文化继续在广州地区传播，如汉式鼎、簋（guǐ）等礼器已有使用，与此同时越人特色也极为鲜明。南越国灭亡后，汉王朝在岭南地区推行儒家文化，文风兴盛，汉文化礼器普遍使用，铜鸠杖的出土成为礼教岭南的重要物证。

275. 铜鸠杖首

Turtledove-shaped Bronze Head of walking Stick

2002 年东山区永福东路广州警备区工地出土

高 11.5 厘米

276. 铜鸠杖首

Turtledove-shaped Bronze Head of walking Stick

2005 年天河区恒福路银行疗养院工地出土
高 6.6 厘米

　　因杖首为一圆雕鸠鸟形象而得名。汉代朝廷颁行为 70 岁老人赐杖之制，以法定形式将鸠鸟形象与杖相结合，是尊老重孝的标志物，这一制度一直延续至明清。杖本身可辅助老人行走，还可防身，而《后汉书·礼仪志》记载："鸠为不噎之鸟"，刻鸠纹于杖头，望老者食时防噎。

277. 石砚

Inkstone

东汉

2004 年东山区环市东路华侨小学工地 M50 出土

砚最大径 14.7、厚 1.8 厘米

　　文具。砚为不规则圆形，研石略呈圆锥形，研面光滑。汉代刘熙在《释名》中说："砚者研也，可研墨使和濡也。"早期的砚台，就是用一块小砚石在一面磨平的石器上研墨。直至汉代，人们发明了人工制墨，可直接在砚上磨墨，砚台才开始真正地发展起来。

278. 铜环首刀

Bronze Knife with Ring

西汉

2008 年越秀区淘金东路淘金家园三期工地出土

长 36 厘米

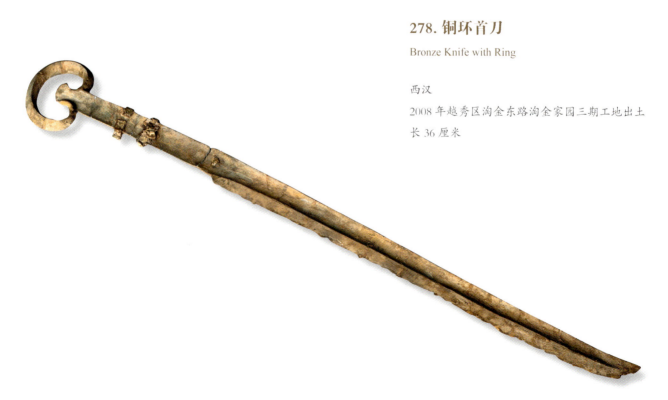

279. 铜环首刀

Bronze Knife with Ring

东汉
1998 年东山区中山一路广铁集团工地 M10 出土
残长 6.2 厘米

　　刀柄一面有阴刻铭文，仅余"阳嘉二年九"五字，阳嘉二年即公元 133 年。

280. 铜环首刀

Bronze Knife with Ring

东汉
2006 年海珠区官洲岛两边岗 M1 出土
长约 20 厘米

　　环首刀，又称环首削、环首书刀，用以修改简牍上的误笔。《汉书·文翁传》颜师古引曰："蜀郡工官作金马书刀者，似佩刀形，金错其柎。"因与武器的佩刀器形相近，只能靠伴出文物与佩戴者的身份等情况考证。

⊙ 武·具

汉代，随着铸铁技术的进步，在中原地区，铁兵器逐渐取代青铜兵器占主要地位，但广州地区考古出土的兵器仍以铜质为主，这可能与本地的冶炼技术和保存环境有关。兵器不仅用于战争，更是权力和身份的象征。

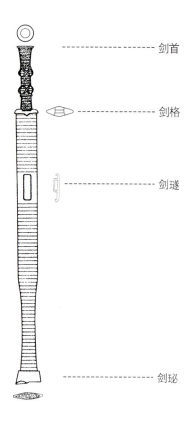

剑首

剑格

剑璏

剑珌

玉剑具使用位置示意图

剑饰一般四件一套，指的是剑柄顶端配的剑首、剑柄与身之间配的剑格，剑鞘上方一侧配的剑璏（suì，可穿系于腰带上）与剑鞘末端配的剑珌（bì）。

281. 玉剑璏
Jade Sword Ornament (*Sui*)

西汉

2000 年天河区恒福路银行疗养院 M2 出土

长 7.5、宽 2.5、厚 1.6 厘米

282. 玉剑格

Jade Crossguard (*Ge*)

西汉

2001 年东山区淘金东路御龙庭工地 M83 出土

长 4.7、宽 2.6、高 1.4 厘米

283. 玉剑璏

Jade Sword Ornament (*Sui*)

西汉

1996 年天河区恒福路远东风扇厂工地 M6 出土

长 5、宽 2.3、厚 1.4 厘米

284. 玉剑珌

Jade Sword Chape (*Bi*)

西汉

1996 年天河区恒福路远东风扇厂工地 M6 出土

长 5.7、宽 5.5、厚 1.5 厘米

285. 铜剑

Bronze Sword

东汉

2010 年荔湾区西湾路旧广州铸管厂地块 M61 出土

剑长 57.1 厘米

剑璏长 5.9 厘米

　　剑是我国古代战争中经常使用的一种短兵器，要接近敌人才能达到伤敌的目的。剑饰多见玉质，此剑配的剑饰均为铜质，仅缺珌。

286. 铜矛

Bronze Spears

东汉

2003 年番禺区小谷围河岗山 M9 出土

长 21 厘米

1 对。矛与枪同类，两侧有刃，只是矛头较长，属于长兵器，攻击方式是刺。这对矛出土时尖锋相向，柲（柄）已朽仅有少量遗存。形制相同，叶狭长扁平，脊不突出，筒形，有圆形骹孔，用以插钉固柲。

287. 铁戟

Iron Chinese Polearms (*Ji*)

东汉
1998 年东山区中山一路梅花村 65 号工地 M1 出土
长 26.4 厘米

　　1 对。戟是戈和矛的合成体，它既有直刃又有
横刃，呈"十"字或"卜"字形，因此戟具有钩、
啄、刺、割等多种用途，横刃还可以防止刺入过
深拔不出来，其杀伤能力胜过戈和矛，一般是武
将用来冲锋陷阵的。

288. 铜戟

Bronze Chinese Polearms (*Ji*)

西汉
2005 年越秀区建设六马路小学 M21 出土
长 26.4 厘米

289. 铜戈

Bronze Dagger-Axe (*Ge*)

西汉

2000 年东山区太和岗路波尔多庄园工地 M22 出土

长 21 厘米

290. 铜槊

Bronze Long Spear (*Shuo*)

西汉

2000 年东山区太和岗路波尔多庄园工地 M22 出土

长 30.5 厘米

槊（shuò），枪头较平，枪的前身，冲阵用。

2010年荔湾区西湾路旧广州铸管厂地块东汉墓M35全景

⊙ 葬·生

广州地区西汉盛行木椁墓，东汉出现砖室墓。汉代盛行厚葬，奉行"事死如事生"的丧葬理念。因墓主人经济实力或身份地位的差别，随葬器物的数量、质地不尽相同。两汉时期盛行的模型明器有屋、仓、灶、井等。广州汉墓无论是墓葬形制，还是随葬器物都表现出更多的与中原汉文化相似的文化面貌。

古人"事死如事生"的观念，通过墓葬的结构布局和随葬器物得到充分体现。M35仿生者居室的"前堂后室"布局，横前堂一侧随葬了大量日常生活用器及陶仓、井、灶和猪、牛、羊、鹅等模型明器，另一侧可能原随葬有丝织品，已经朽烂不存。主室相当于墓主人的"卧室"，随葬铜镜、珠饰、黛砚等器物。作为明器的陶屋，一般随葬在后室。

明器

明器一般是指专门为随葬制作的小型器物，又称"冥器"，常仿制各种礼器与日用器皿，还有人物、家畜、车船、房屋等。两汉时期明器盛行，复原了当时的生活情景，更是古人"事死如事生"观念的体现。

广州西汉晚期开始普遍出现滑石类明器，滑石因其硬度低、易于雕刻，其质地细腻、色泽晶莹似玉，雕琢的器物美观、大方、经济实惠，被制作成各种器物用于随葬。东汉时期的滑石器较西汉晚期器形简单，器体变小，有的粗制滥造。

291. 滑石敦形鼎

Talc Dui-shaped Tripod (*Ding*)

西汉

2000 年天河区恒福路银行疗养院工地 M2 出土

口径 22、腹径 23.6、通高 38 厘米

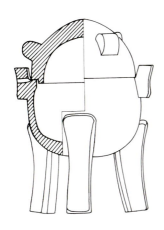

292. 滑石钫

Talc Wine Vessel (*Fang*)

西汉

2000 年天河区恒福路银行疗养院工地 M2 出土

口边长 7、足长 7.8、足宽 6.8、高 18.6 厘米

293. 滑石壶

Talc Pot

西汉

2000 年天河区恒福路银行疗养院工地 M2 出土

口径 6.4、腹径 12、足径 6.3、高 16 厘米

294. 滑石缶

Talc Container (*Fou*)

西汉

2000 年天河区恒福路银行疗养院工地 M2 出土

口径 9.3、腹径 20.3、底径 7.6、高 10.8 厘米

295. 滑石杯

Talc Cup

西汉

2000 年天河区恒福路银行疗养院工地 M2 出土

口径 9.8、底径 7.2、高 12.1 厘米

296. 滑石杯

Talc Cup

西汉

2000 年天河区恒福路银行疗养院工地 M2 出土

口径 9.1、足径 9.1、高 16.4 厘米

底中空。

297. 滑石璧

Talc Disk (*Bi*)

西汉

1999 年东山区先烈南路大宝岗 M5 出土

外径 12、内径 1.7、厚 2 厘米

298. 滑石炉
Talc Burner

西汉

2004 年东山区环市东路华侨小学工地 M50 出土

长 15.7、宽 11.8、高 4.9 厘米

299. 滑石簋
Talc Bowl (*Gui*)

西汉

1996 年天河区恒福路远东风扇厂工地 M7 出土

口径 23、足径 13.6、高 14.8 厘米

300. 滑石锅

Talc Pan

西汉

2000 年天河区恒福路银行疗养院工地 M2 出土

口长径 12.6、短径 15.1、高 6 厘米

301. 滑石锅

Talc Pan

西汉

2010 年荔湾区西湾路旧广州铸管厂地块 M35 出土

口径 19.8、高 9.7 厘米

云山珠水间

考古发现的广州

下

广州市文物考古研究院
南汉二陵博物馆 编著

文物出版社

Guangzhou was the center of Lingnan.

—*Works of Panzhou* by Hongshi of Song

Since Han and Tang, the city has become emperors' treasury in the south, storing mountains of gold and seas of jewels, which was envied by all… People in Guangzhou preferred to do business.

—*New Words of Guangzhou* by Qu Dajun of Qing

From Wei and Jin, large groups of people in the central plain have moved south, and in Sui and Tang, Guangzhou had become a renowned stop in the east. During Song and Yuan, the population in Guangzhou increased notably, which had brought new vitality and prosperity to local economy and culture. Geographical advantages and well established sea trade also laid a solid foundation for the development in Guangzhou from Tang to Qing.

岭以南，广为一都会。

——（宋）洪适《盘洲文集》

金山珠海，天子南库，自汉唐以来，无人而不艳之……广州望县，人多务贾与时逐……

——（清）屈大均《广东新语》

魏晋以来，中原人士多次大规模南迁，促进了岭南地区的发展。隋唐广州已经成为世界闻名的东方大港。宋元时期人口的迅速增长，给地方经济、社会、文化的发展带来新的活力与动力。得天独厚的地理位置与海贸商业的积累，更是奠定了唐到明清时期广州"天子南库"的地位。

第三部分　广州名城（三国—明清时期）

Guangzhou the Famous City（From the Three Kingdoms to Ming and Qing）

第一单元

康宁乐土（三国—南朝）

魏晋南北朝时期，中原地区战乱频繁，岭南则相对稳定。大批北人南迁，推动了岭南社会的进步。广州对外交往持续发展，佛教沿海路继续传播，对中华文明产生了深远影响。

1998 年中山五路东汉晋南朝城墙遗址

东汉至三国时期城墙角台基址

2010～2011 年中山四路东山印象台建设工地东汉、东晋、南朝城墙角台遗址

2008 年中山五路警察局三国至晋水渠

"广州"得名

　　东汉建安十五年（210年），步骘（zhì）任交州刺史。建安二十二年（217年），将交州治所从广信（今广西梧州、广东封开一带）东迁番禺。东吴黄武五年（226年），吴主孙权分交州置"广州"，州治番禺，"广州"自此得名。三国晋南朝时期，广州城仍沿用汉代番禺旧城，对城墙进行了多次拓宽和加固。

东汉城墙

唐代城墙

晋南朝城墙

2005 年中山四路旧仓巷东汉至唐代城墙

2011 年起义路晋南朝木构水渠

302. "泰元十年十月九日立"砖

Brick with Inscriptions "Made on October 9th of the Tenth Year of Taiyuan"

东晋

2005 年越秀区仓边路城投大厦附楼工地出土

长 39.9、宽 17.3、厚 6.1 厘米

　　为修城专门烧造，泰元应为东晋孝武帝"太元"年号，太元十年为公元 385 年。

303. 网格纹城墙砖

Brick with Grid Patterns

南朝

2010 年越秀区中山四路东山印象台工地出土

长 39.5、宽 16.5、厚 6.8 厘米

　　正反两面均有网格纹。

304. 云纹瓦当
Tile End with Cloud Patterns

南朝
2004 年越秀区广卫路停车场工地出土
直径 14.5、厚 1.3 厘米

　　瓦当的使用既便于屋顶排水、保护檐头，也增加了建筑的美观。当心为十字花瓣，外区在两周短直线圈带之间均分四组，每组饰蘑菇形云纹一朵。

305. 莲花纹瓦当
Tile End with Lotus Patterns

南朝
2004 年越秀区广卫路停车厂工地出土
直径 16.7、厚 1.6 厘米

　　当心微凸六莲瓣，外区在两周短直线圈带之间以线条勾勒十二片重叠的莲瓣纹，边轮凸起。莲花纹瓦当的出现以佛教的流传为背景，莲花既象征圣洁，形态又极为优美，六朝以来成为瓦当的主流图案。

岭外桃源

三国两晋南北朝时期，中原地区战乱频仍，大批北人南迁，给广州等地带来了丰富的劳动力，也带来新的生产技术，促进了岭南经济、社会和文化的发展，也加速了汉越民族的融合。

广州出土的西晋墓砖铭文"永嘉世，天下荒，余广州，皆平康""永嘉世，九州空，余吴土，盛且丰"，永嘉（307～312年），为西晋怀帝年号，反映了晋代广州人民安居乐业、经济繁荣的社会状况。

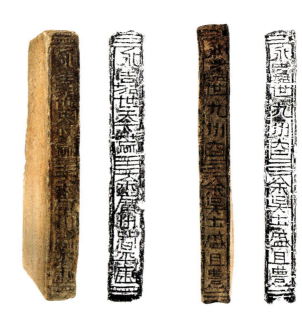

⊙ 农业与牲畜养殖

　　三国两晋南朝时期，广州冶铁技术水平得到提高，铁器使用较为普遍，广州黄埔姬堂晋墓出土陶制水田模型，再现了晋代耕、耨（nòu）、犁、耙等农作场面。墓内同时还出土陶质水井、灶、牲畜房、马厩、狗圈、牛栏等模型明器，形象地再现了晋代庄园经济生产、生活面貌。

1994 年黄埔姬堂晋墓 M3 陶水田、牛栏、井模型出土现场

306. 陶牲畜栏

Pottery Corral Model

西晋
1994 年黄埔区大沙镇姬堂彭山 M2 出土
口径 23.9、底径 20、高 7.9 厘米

307. 陶牲畜房

Pottery Livestock House Model

西晋

1994 年黄埔区大沙镇姬堂彭山 M2 出土

长 21.6、宽 14.8、通高 12 厘米

　　平面呈长方形，房内间隔成三室，左室为劳作场地，有一人在方形槽前舂米，二人在长方形槽前持杵，槽内似有两条鱼，一人持簸箕，两鸭似在旁寻找筛落的谷物。右前室内有三羊，近门前横立一小羊。右后室有三牛，门前立一人，正在往槽内倾倒食物。屋顶为两面坡形，可拆卸。

308. 陶牲畜房

Pottery Livestock House Model

西晋

1994 年黄埔区大沙镇姬堂彭山 M2 出土

底长 24、宽 21.5、通高 19.7 厘米

　　平面近椭圆形，前后开门，两侧开气窗，屋内分三组
人物，一俑门前簸米，两俑春米，一俑持棍状物，面对正
在槽旁吃食的两头猪。屋外右侧有一弧形坡道，一俑正赶
两牛向上缓步前行。屋顶可拆卸。

309. 陶水田
Pottery Paddy Field Model

西晋
1994 年黄埔区大沙镇姬堂彭山 M3 出土
长 20.4、宽 14.8、高 2 厘米

　　田亩由"十"字形田埂分成四块，田上刻划
点线纹，以示耕作后留下的犁耙痕。

310. 陶井

Pottery Well Model

西晋
1994 年黄埔区大沙镇姬堂彭山 M2 出土
口径 9.4、底径 11.7、高 21.8 厘米

311. 陶囷

Pottery Granary Model

西晋

1994 年黄埔区大沙镇姬堂彭山 M2 出土

口径 15.6、底边长 18、通高 21.8 厘米

　　这组器物均出土于黄埔区大沙镇姬堂彭山的两座墓葬，同时发掘的还有一墓，从墓葬形式和出土文物分析，其埋葬年代大体在西晋永嘉（307 ～ 313 年）。

⊙ 冶炼与货币窖藏

三国晋南朝时期，岭南的采矿业发展迅速。越秀区西湖路广百新翼工地遗址的三国时期窖藏，出土大量两汉与三国东吴时期的铜钱，钱币数量大、种类多、跨时间长。钱币有"五铢"、剪轮"五铢""大泉五百""大泉二千""大泉当千""太平百钱"等。

2000 年越秀区西湖路广百新翼工地三国钱币窖藏出土现场

312. 对文"五铢"铜钱

"Wu Zhu" Copper Coins with Different Calligraphic Styles

汉

2000 年越秀区西湖路广百新翼工地窖藏出土

直径 1.7 ～ 2、厚 0.07 ～ 0.12 厘米

3 枚。

313. 剪轮"五铢"铜钱

Cut Rim "Wu Zhu" Copper Coin

汉

2000 年越秀区西湖路广百新翼工地窖藏出土

直径 1.8、厚 0.09 厘米

314. 綖环"五铢"铜钱

Thread Ring "Wu Zhu" Copper Coin

汉

2000 年越秀区西湖路广百新翼工地窖藏出土

直径 2.7、厚 0.15 厘米

315. "五铢"铜钱

"Wu Zhu" Copper Coin

汉

2000 年越秀区西湖路广百新翼工地窖藏出土

直径 1.8、厚 0.14 厘米

316. 磨廓"五铢"铜钱

Frame-polished "Wu Zhu" Copper Coin

汉

2000 年越秀区西湖路广百新翼工地窖藏出土

直径 2.4、厚 0.1 厘米

　　窖藏中出土大量的两汉五铢钱，表明五铢钱在三国时期的岭南地区仍广泛流通。其中剪轮"五铢"钱就是被剪凿了外围或冲凿了外廓的钱。对文"五铢"因两边仅剩一半文字故名。綖环钱指被剪去或冲凿去内圈的钱，钱仅剩边缘，呈环状，钱文有的只剩一半。这些都是由于通货膨胀、货币贬值出现的一种劣质小钱，一部分流通，一部分回炉重新铸钱。

317. "货泉"铜钱
"Huo Quan" Copper Coin

新莽时期

2000 年越秀区西湖路广百新翼工地窖藏出土

直径 2.1、厚 0.12 厘米

318. 綖环"货泉"铜钱
Thread Ring "Huo Quan" Copper Coin

新莽时期

2000 年越秀区西湖路广百新翼工地窖藏出土

直径 2.3、厚 0.18 厘米

319. 綖环"大泉五十"铜钱
Thread Ring "Da Quan Wu Shi" Copper Coin

新莽时期

2000 年越秀区西湖路广百新翼工地窖藏出土

直径 2.7、厚 0.18 厘米

　　"货泉"是王莽天凤元年（公元 14 年）第四次货币改制的产物。一直流通到东汉光武帝建武十六年（公元 40 年）。"大泉五十"铸行时间虽然仅有 13 年，但其却是王莽新朝通行货币中流通时间最长、铸量最大的货币。

320. "大泉五百"铜钱
"Da Quan Wu Bai" Copper Coins

三国

2000 年越秀区西湖路广百新翼工地窖藏出土

直径 3、厚 0.2 厘米

2 枚。

321."大泉当千"铜钱

"Da Quan Dang Qian" Copper Coins

三国

2000 年越秀区西湖路广百新翼工地窖藏出土

直径 3.3、厚 0.33 厘米

2 枚。

322."大泉二千"铜钱

"Da Quan Er Qian" Copper Coins

三国

2000 年越秀区西湖路广百新翼工地窖藏出土

直径 3.2、厚 0.26 厘米

2 枚。

　　"大泉五百"铸于三国孙吴嘉禾五年（236 年），是东吴自铸货币最早的一种。"大泉当千"铸于赤乌元年（238 年）。"大泉二千"则不见于文献记载。

323."直百五铢"铜钱

"Zhi Bai Wu Zhu" Copper Coin

三国

2000 年越秀区西湖路广百新翼工地窖藏出土

直径 2.1、厚 0.08 厘米

324."太平百钱"铜钱

"Tai Ping Bai Qian" Copper Coin

三国

2000 年越秀区西湖路广百新翼工地窖藏出土

直径 1.8、厚 0.1 厘米

　　"太平百钱"与"直百五铢"均是三国时期蜀汉钱币。"直百五铢"的意思是指一枚"直百五铢"的价值可以与一百枚五铢钱的价值相等，是一种大值虚币。

执壶意祥

三国晋南朝时期，南方制瓷业快速发展，青釉瓷器在生活中普遍使用。

鸡首壶，因鸡首状壶嘴而得名。最早出现于三国末年，流行于晋至隋。器形在东晋时向实用功能转化，到南北朝时，制作趋于规范，器形偏修长。其出现可能与我国古代的鸡崇拜文化现象有关，反映了战乱年代人们对吉祥安宁生活的祈望。

325. 青釉鸡首壶
Celadon Chicken-head Ewer

东晋

2010 年荔湾区西湾路旧广州铸管厂地块 M96 出土

口径 7.8、腹径 16、底径 10.5、高 14.7 厘米

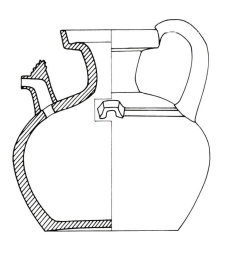

326. 青釉鸡首壶

Celadon Chicken-head Ewer

东晋

2010 年荔湾区西湾路旧广州铸管厂地块 M81 出土

口径 10.2、腹径 21.4、底径 13.1、高 23.2 厘米

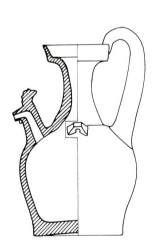

327. 青釉鸡首壶

Celadon Chicken-head Ewer

南朝

2001 年东山区淘金东路御龙庭工地 M10 出土

口径 6.9、腹径 12.6、底径 8.9、高 18.5 厘米

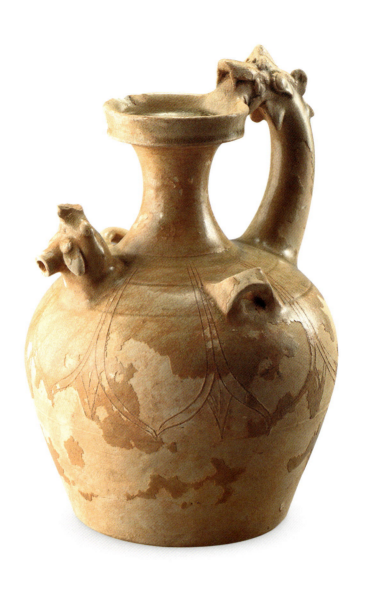

328. 青釉鸡首壶

Celadon Chicken-head Ewer

东晋

2016 年增城开发区松仔岗工地 M7 出土

口径 5.9、腹径 13、底径 9.3、高 17 厘米

329. 青釉鸡首壶

Celadon Chicken-head Ewer

南朝

2004 年东山区淘金东路中星小学工地 M68 出土地

口径 7.3、腹径 12.7、底径 8、高 17.5 厘米

　　鸡与"吉"同音，寓意吉祥安宁。西汉初期，韩婴《韩诗外传》中记载了鸡的"五德"："头戴冠者，文也；足搏距者，武也；敌在前敢斗者，勇也；见食相呼者，仁也；守夜不失时者，信也。"即"文、武、勇、仁、信"五德。

☉ 烛台杯盘

晋南朝时期，陶瓷器的器形、胎质、釉色、装饰都发生了很大变化，新出现唾壶、多子盒、格盘三足砚等，考古出土的铜镜、印章和装饰品也异彩纷呈。

330. 青釉唾壶

Celadon Spittoon

东晋

2010 年荔湾区西湾路旧广州铸管厂地块 M24 出土

口径 8.5、腹径 11、足径 6.35、高 9.6 厘米

古代置放在桌上承唾的器物，卫生实用，为今痰盂之前身。该器体形轻巧美观。

331. 青釉虎子

Celadon Chamber Pot

东晋
2009 年荔湾区站西路广州机务段工地 M67 出土
长 26、宽 15.5、高 19.2 厘米

　　溺器，即盛小便的容器。造型别致，虎仰首、口圆张、腹圆臀肥，四肢短小，曲跪。背部附环状提梁。

332. 青釉四耳盂

Celadon Jar with Four Ears

东晋

2003 年东山区执信路执信中学工地 M96 出土

口径 6.6、腹径 13、底径 7.3、高 6.7 厘米

333. 青釉盅

Celadon Pot with Cover

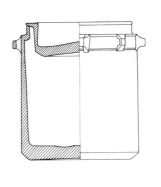

南朝

1999 年东山区农林下二横路工地 M21 出土

口径 15.2、腹径 18.7、底径 14.7、通高 19.7 厘米

　　原套两个盖，内盖凹、宽平沿，外盖缺失。和今天广州的炖盅极为相似。

334. 青釉多子盒

Celadon Box with Slots

东晋

2000 年天河区恒福路银行疗养院工地 M5 出土

口径 22.4、底径 23.1、高 7.5 厘米

　　器表原施青釉，多已脱落，分内、外二圈，外圈八格，内圈三格。附一勺。

335. 青釉盒

Celadon Box

东晋

1999 年东山区先烈南路大宝岗 M7 出土

口径 11.3、底径 7.3、通高 11.2 厘米

　　盖面划弦纹二道，盖顶中央有菌形立纽。通体施青釉，局部脱落。

336. 点彩青釉熏炉

Black-decorated Celadon Incense Burner

东晋

2016 年增城开发区松仔岗 M5 出土

口径 8.5、足径 5.6、高 4.2 厘米

337. 青釉杯盘

Celadon Cups and Plate

西晋

1994 年黄埔区大沙镇姬堂彭山 M1 出土

口径 21.8、底径 14、高 5.2 厘米

338. 青釉格盘

Celadon Plate with Slots

西晋

1994 年黄埔区大沙镇姬堂彭山 M3 出土

长 26.6、宽 18.9、高 6 厘米

　　共分九格，大小不一。器底有十余块明显支烧痕。

339. 青釉双耳壶

Celadon Pot with Two Ears

南朝

2009 年荔湾区西湾路旧广州水泥厂地块 M6 出土

口径 5.6、腹径 13、足径 6.7、通高 13 厘米

整体施釉，部分脱落。

340. 青釉盘底三足炉

Celadon Tripod Censer with a Dish

南朝

2004 年东山区淘金东路中星小学工地 M68 出土

口径 10、盘底径 17.2、通高 11 厘米

　　分炉身、炉盘两部分，粘连成一体。炉身底附三蹄足。
通体施青绿釉，部分脱落。

341. 青釉六系罐

Celadon Jar with Six Handles

南朝

2006 年越秀区中山大学北校区综合楼工地 M21 出土

口径 8.4、腹径 16、底径 12.5、高 18.4 厘米

342. 青釉烛台

Celadon Candle Holder

南朝

2006 年越秀区中山大学北校区综合楼工地 M22 出土

盘口径 16.8、底径 15.5、高 7.2 厘米

　　"烛"出现于周三礼中，但指的是火炬或火把，汉代以后才开始制作蜡烛。烛台则是用来扦插蜡烛和承接滴淌的蜡油。南朝时烛台式样较为丰富，有狮形、单管、双管、四管等。

285

343. 青釉灯

Celadon Candle Holder

南朝

2006 年越秀区中山大学北校区综合楼工地 M14 出土

盘口径 15、底径 12.9、高 13.3 厘米

344. 青釉三足砚

Celadon Inkstone Tripod

南朝

1999 年东山区东山口内环路工地 M5 出土

口径 11.2、腹径 12.4、高 4.4 厘米

345. 金珠
Gold Beads

1994 年东山区先烈南路大宝岗 M13 出土
直径 0.6 ～ 0.8 厘米

346. 金指环
Gold Rings

东晋
1994 年东山区先烈南路大宝岗 M13 出土
直径 1 ～ 1.2 厘米

347. 银簪
Silver Hairpins

南朝
1995 年东山区农林上路 M3 出土
长 7 ～ 17、宽 2.2 ～ 4.5 厘米

348. 六面铜印章
Copper Seal with Six Imprints

东晋
2003 年东山区竹丝岗战士杂技团工地 M3 出土
边长 1.9、高 3.2 厘米

　　台纽顶面刻"白记"二字。印面阴刻"周颐"二字。印台四侧面分别阴刻"周颐白事""臣颐""周颐白牋"（牋同笺）"周颐示"，其中除"臣颐"无框外，余皆加边框。

349. 龙凤纹铜镜

Bronze Mirror with Dragon and Phoenix Patterns

西晋

1994 年黄埔区大沙镇姬堂彭山 M3 出土

直径 17.4、缘厚 0.38 厘米

　　龙为鳞虫之长，凤为百鸟之王，都是
祥瑞之物，意寓吉祥。

350. 重列式神兽纹铜镜

Bronze Mirror with Patterns of Mythical Images

东晋
1995 年东山区农林上路工地 M3 出土
直径 13.5、缘厚 0.8 厘米

　　主纹分五层，界线分明。最上层为一神人，两侧有朱雀和玄武。第二层两组神人，第三层组两侧为东王公和西王母，二、三层两侧有青龙和白虎。第四层有神兽，第五层有一神人，左右侧有朱雀、玄武。主纹外圈带有一周铭文。

佛教传入

　　广州是佛教入华的重要通道，也是禅宗的发源地。相传南朝梁普通年间（520～527年），印度高僧达摩在今广州华林寺附近的"西来初地"登岸，建"西来庵"，随后北赴江南和中原地区传教，创立了佛教禅宗。六朝时广州城兴修佛寺，有文献记载的至少19所。今光孝寺在三国孙吴时期创立，初名制止寺，被誉为岭南佛教"丛林之冠"，唐六祖慧能曾在此弘法。

　　1990、1999年，考古工作者对光孝寺进行两次考古发掘。发现六朝、唐和宋元时期文化堆积，出土了南朝建筑上的莲花纹瓦当、体形修长的青瓷鸡首壶、四耳罐和数量较多的青瓷碗、杯等日用器具，可能与南朝时制止寺有关。

351. 青釉瓶

Celadon Vase

南朝

2006 年越秀区中山大学北校区综合楼工地 M21 出土

口径 7、腹径 12、足径 6.3、高 22.3 厘米

　　敞口，长束颈，卵圆形腹，圈足，釉色莹润，是净瓶的一种。净瓶作为异域器物，汉代以后随着佛教传入中国，在中国常用来贮水，随身携带用以净手或饮用，其造型和功能也随着佛教一同中国化、民间化和世俗化。

352. 青釉狮形器座

Celadon Lion-shaped Stand

南朝

2006 年越秀区中山大学北校区综合楼工地 M21 出土

上宽 3.2、高 13.8 厘米

　　狮头人身，跪坐于双层座上，造型奇特，装饰细腻。其肌肉劲健，眼睛圆睁，阔鼻大口，牙齿外露，上身袒露，脐乳毕露。两肩上穿有护肩，护肩上有三束由小变大的飘带，飘带向后飞扬。背后中央有三组长毛。下身着过膝裤，膝处饰五瓣花纹。狮头上有方形凹口，可能用以安插物件。底座雕饰覆莲，莲花寓意圣洁，也是佛教常用图案。这是汉代"畏兽"的形象，在魏晋南北朝时多呈"力士"造型，作托举承重状，成为佛教的护法。湖南湘阴岳州窑生产有相似器形。

353. 青釉佛塔模型

Celadon Pagoda Model

南朝

2006 年越秀区中山大学北校区综合楼工地 M22 出土

高 11.6 厘米

　　佛塔原是印度梵文 Stupa（窣堵波）的音译，亦称浮屠，是佛教的象征，最早用来供奉和安置舍利、经文和各种法物。此为佛塔模型。

354. 青釉四管形器

Celadon Tubular Ware

南朝

2006 年越秀区中山大学北校区综合楼工地 M21 出土

高 7 厘米

　　造型独特，用途不明。

355. 青釉熏炉

Celadon Incense Burner

南朝

2006 年越秀区中山大学北校区综合楼工地 M14 出土

底径 16.6、通高 18.8 厘米

熏香器具。不仅是日常使用之器，更是礼佛用具。炉盖为两层莲瓣攒尖的山形，排列有序，有镂孔以出烟，炉身丰满，承柱下连直敞口承盘。

＊小知识：

　　博山炉，是汉代出现的一种香炉形制。其炉盖部分呈山形，传说因取意海中仙山"博山"而得名。据《考古图》所说，博山炉除炉腹内放香料焚香以外，承盘还可注水使香气润泽。魏晋南北朝时期，博山香炉依旧流行，但形态上有了多样的变化。比如这件由莲瓣构成的南朝博山香炉，就是佛教莲花纹饰与博山炉相结合而产生的特殊形态。

　　（宋）吕大临《考古图》记："晋《东宫旧事》曰：太子服用则有博山香炉，一云炉，象海中博山，下有盘贮汤使润气蒸香，以象海之四环。此器世多有之，形制大小不一。"

⊙ 丧葬风俗

　　广州地区发现的晋南朝墓多为砖室墓，结砌讲究，模仿生前"前堂后室"的建筑布局，墓室前砌筑长长的排水沟。滑石猪和青釉瓷器在晋南朝墓中较为普遍。

　　南朝墓最常见的墓型是墓前有斜坡墓道、底部挖设排水沟，墓室内分甬道、前室、过道、后室，甬道有渗水井与排水沟相通，前室设祭台，墓壁加砌承柱，并装饰假窗等。墓室功能齐全、装饰精美。

2006 年越秀区鹿鸣酒家工地南朝墓 M2

2010 年荔湾区旧广州铸管厂地块南朝墓 M134（左）、M135（中）与东晋墓 M138（右）全景

356. 印花纹墓砖

Tomb Bricks with Patterns

东晋

2011 年荔湾区西湾路旧广州铸管厂地块出土

①长 34.3、宽 15.7、厚 4 厘米

②长 33.2、宽 15、厚 4.17 厘米

③长 25、宽 15.9、厚 2.7-5.1 厘米

④长 33、宽 14.4、厚 4.6 厘米

⑤长 34.47、宽 14、厚 4.3 厘米

①　　　　②　　　　③

④

⑤

墓壁印花砖拓片

357. 印花纹墓砖

Tomb Bricks with Patterns

东晋

2011 年荔湾区西湾路旧广州铸管厂地块出土

①长 34.2、宽 15、厚 4 厘米

②长 35、宽 16、厚 2.7 厘米

③长 36.5、宽 15.5、厚 4 厘米

①

②

③

滑石猪

中原地区春秋战国时期就有滑石猪随葬，广州地区以滑石猪入葬的习俗盛行于晋南朝。滑石猪和汉墓中常见的"握"性质相同，用来放在逝者手掌中，寓意吉祥富贵。

2016 年荔湾区真光中学工地东晋墓 M2、M3 出土滑石猪

358. 滑石猪

Talc Pig

2010 年荔湾区西湾路旧广州铸管厂地块 M47 出土

长 6.3、宽 1、高 1.2 厘米

359. 滑石猪

Talc Pig

2010 年荔湾区西湾路旧广州铸管厂地块 M47 出土

长 6.8、宽 1.2、高 2.7 厘米

360. 滑石猪
Talc Pig

2010 年荔湾区西湾路旧广州铸管厂地块 M170 出土
长 9、宽 2.5、高 2.8 厘米

361. 滑石猪
Talc Pig

2010 年荔湾区西湾路旧广州铸管厂地块 M170 出土
长 6.4、宽 1、高 1.3 厘米

362. 滑石猪
Talc Pig

2010 年荔湾区西湾路旧广州铸管厂地块 M209 出土
长 6.8、宽 1.2、高 2.7 厘米

363. 滑石猪
Talc Pig

2010 年荔湾区西湾路旧广州铸管厂地块 M182 出土
长 9、宽 2.5、高 2.9 厘米

364. 滑石猪
Talc Pig

2010 年荔湾区西湾路旧广州铸管厂地块 M182 出土
长 9.2、宽 2.7、高 2.9 厘米

365. 滑石猪
Talc Pig

2010 年荔湾区西湾路旧广州铸管厂地块 M194 出土
长 9.2、宽 2.7、高 2.9 厘米

366. 滑石猪
Talc Pig

2010 年荔湾区西湾路旧广州铸管厂地块 M194 出土
长 6.2、宽 1.2、高 1.3 厘米

2004年东山区淘金东路中星小学工地南朝墓 M69 随葬买地券

买地券

　　买地券通过模拟现实生活中的土地契约文书，向地下神祇宣告亡人在冥界的居留权和居住地，同时藉以压胜镇鬼、护卫阴界亡灵乃至阳界生人，它还意味着亡人魂灵不得再回到人世间，从而将生人与亡魂阻隔开来。

①

②

367. 滑石符牌

Talc Talismans

南朝

2004 年东山区淘金东路中星小学工地 M69 出土

①残长 9.6、宽 4.2、厚 0.9 厘米；②残长 9、宽 4.2、厚 1.1 厘米；③残长 11.3、宽 4.1、厚 0.9 厘米；④残长 13.4、宽 4.2、厚 1.1 厘米；⑤残长 8、宽 4.2、厚 1.1 厘米

　　长条形，均残断。表面经过打磨。一面阴刻文字，其中一枚可辨"廿四日""东北角"六字，文字内容与同出买地券相契合。这些符牌可能是道教的符箓。

③

④

⑤

368. 滑石买地券

Tale Tomb Ownership Certificate

南朝

2004 年东山区淘金东路中星小学工地 M69 出土

长 18.5、宽 17.9、厚 0.9 厘米

表面打磨光滑并划出小方格，阴刻文字，字体介于隶楷之间，刻写较为随意。15 列，每列 15 字，末列 4 字，共 214 字。这是广州地区首次发现的南朝买地券。"元嘉二十七年"为公元 450 年，应为墓主下葬时间。墓主龚韬，男性，南海郡番禺县都乡宜贵里人氏，生前任州从事史官职。券文的许多用语与道教信仰有密切联系，同时折射出南朝时期岭南地区土地私有化的进一步发展。

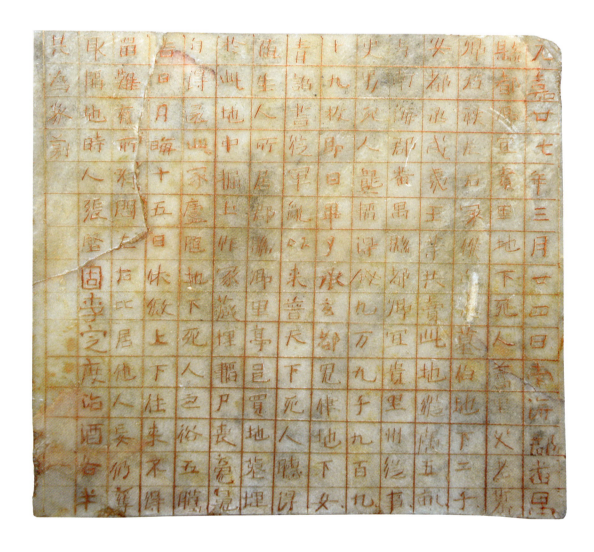

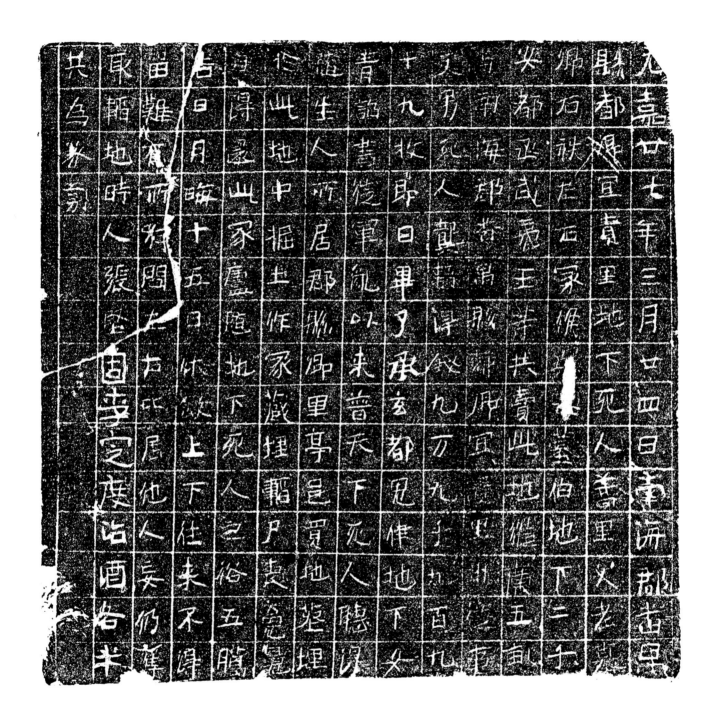

释文：元嘉廿七年三月廿四日，南海郡番禺县都乡宜贵里地下死人、蒿里父老、墓乡右秩、左右冢侯、丘丞墓伯、地下二千、安都丞、武夷王等，共卖此地，纵广五亩，与南海郡番禺县都乡宜贵里州从事史、男死人龚韬，得钱九万九千九百九十九枚，即日毕了。承玄都鬼律、地下女青诏书，从军乱以来，普天下死人听得：随生人所居郡县乡里亭邑买地葬埋。于此地中掘土作冢，藏埋韬尸。丧魂魄自得还此冢庐，随地下死人之俗。五腊吉日、月晦十五日，休傲上下往来，不得留难，有所存问。左右比居他人，妄仍夺取韬地。时人张坚固、李定度，沽酒各半，共为券莂。

第二单元

商业大港（隋唐）

隋唐广州城仍以秦汉番禺城为中心，在此基础上略向南拓展，城区范围变化不大。蕃坊兴盛，商业发展，珠江水面"蕃舶蚁聚"，中外商客"来往如鲫"，广州成为当时全国最大的海上贸易港口。

唐代广州城示意图

① 2001 年越秀区惠福东路光明广场唐代城墙遗址

② 2011 年越秀区中山四路唐代堤岸遗址

④ 2015 年越秀区越秀北路唐末五代建筑基址

③ 1994 年越秀区德政中路担杆巷唐代码头遗址

⑤ 1994 年越秀区德政中路担杆巷唐代建筑基址

城池风貌

369. "开元通宝"铜钱

"Kaiyuan Tongbao" Copper Coin

唐
2000 年越秀区惠福西路光明广场工地出土
直径 2.3、厚 0.15 厘米

370. "乾元重宝"铜钱

"Qianyuan Zhongbao" Copper Coin

唐
2000 年越秀区惠福西路光明广场工地出土
直径 2.3、厚 0.15 厘米

　　这两枚铜钱发现于城墙夯土里，为判断城墙的年代提供了准确依据。开元通宝是唐高祖武德四年（621 年）效仿西汉五铢严格规范开铸的唐代第一种货币，质量合理，也是发行量最大、沿用时间最长的货币。乾元重宝是唐肃宗乾元年间（758～760 年）铸造发行的，一枚相当于开元通宝十枚，铸量很少，又屡经销熔，非常罕见。

⊙ 设立蕃坊

　　海外贸易繁荣发展，外来商人日益增多，在城西珠江北岸形成商业区。唐代中期，朝廷在此设"蕃坊"，供外国人（多为阿拉伯、波斯和印度人）居住和经商。蕃坊规模几乎与广州城同大，鼎盛时期聚居于此的外国人超过10万，城南临江地区也由于水陆交通便利，逐渐形成了商业街市。唐代的广州已经成为国际大都会。

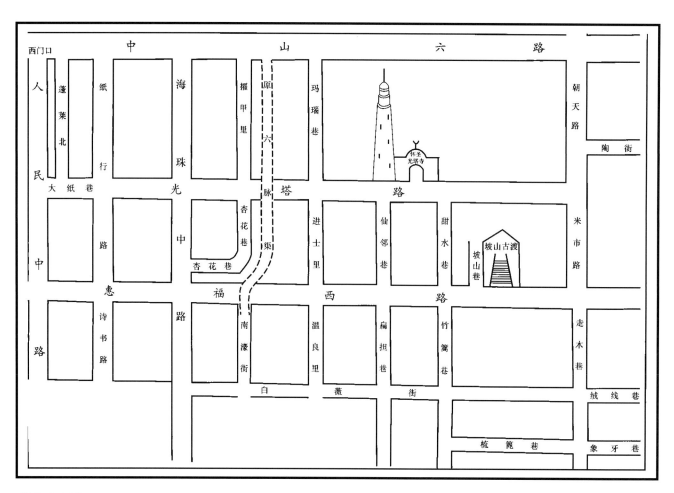

蕃坊示意图

⊙ 砖瓦建房

　　唐代《宋璟碑》记载广州（指广州都督府，是岭南道的道治与都督府治所在地）当时仍以茅草屋为主。宋璟、杜佑等在广州任职时，多次引导广州居民烧制砖瓦、改建房屋，因而出现了各种各样的砖瓦建筑。考古发现的有唐宋时期的陶瓷构件、地下磉墩等遗构现象。

371. 筒瓦

Cylindrical Tile

唐

1994 年东山区德政中路担杆巷工地出土

长 37.5、宽 16、厚 1.8 厘米

　　筒瓦是覆盖屋顶的陶质建筑材料。呈半筒形，前端有凹凸的瓦舌。筒瓦为阳瓦，覆盖屋顶时，舌端朝上，相互叠扣。它与板瓦、瓦当相配，多用于宫殿及其它重要建筑物上。

372. 板瓦

Semi-cylindrical Tile

唐

2004 年越秀区广卫路停车场工地出土

长 35.8、宽 25.2、厚 1.5 厘米

瓦面较宽，弯曲的程度较小。仰瓦两侧称为瓦翅，瓦翅向上铺在屋顶为仰板瓦，其上覆筒瓦，构成筒瓦屋顶，也可瓦翅向下，构成仰合瓦屋顶。

373. 滴水瓦

Drip Tile

唐

2004 年越秀区广卫路停车场工地出土

长 19、宽 17.8、厚 1.2 厘米

檐头板瓦一端加厚，并用手指压印纹饰，保护檐口下的木构架及夯土墙少受雨淋，同时具有装饰作用。

374. 莲花纹瓦当
Tile End with Lotus Pattern

唐

2004 年越秀区广卫路停车场工地出土

直径 14、厚 1.5 厘米

　　当心凸起，饰七圆点示意莲蓬。外区于两周凹弦纹之间饰八瓣菱形莲花。边轮凸起，上饰联珠纹。

375. 莲花纹瓦当
Tile End with Lotus Pattern

唐

2011 年越秀区惠福西路南粤先贤馆工地出土

直径 14.4、厚 1.2 ～ 1.7、残长 6.1 厘米

　　当心饰五突点以示莲蓬，外区饰八瓣宝相莲花纹和连珠纹，以凸弦纹相间。边轮低平。

376. 莲花纹瓦当
Tile End with Lotus Pattern

唐

2003 年越秀区中山四路学源里采集

直径 19.8、厚 2.48 ～ 4.4、残长 6.1 厘米

　　当心饰九圆点为莲蓬，外区八瓣宝相莲花。莲瓣肥厚，双瓣形。边轮凸起，饰联珠纹。体形硕大，可想象当时的建筑规模。

377. 陶脊兽

Pottery Roof Figure

唐

1994 年东山区德政中路担杆巷工地出土

长 41.5、宽 12、高 31.8 厘米

　　脊兽是中国古代汉族建筑屋顶的屋脊上所安放的兽形装饰构件。

378. 莲花纹瓦当
Tile End with Lotus Pattern

唐

1994 年东山区德政中路担杆巷工地出土

直径 14、厚 1.6 厘米

379. 莲花纹铺地砖
Floor Tile with Lotus Patterns

唐

1997 年越秀区中山四路南越国宫署遗址出土

南越王博物院藏

长 19.6、宽 17.3、厚 5.5 厘米

380. 三角形花纹砖
Triangular Floor Tile with Flower Patterns

唐

1976 年白云区双燕岗 M1 出土

长 20.7、宽 10.7、厚 5 厘米

鬼面瓦

鬼面瓦，因其表面浮雕一呲牙咧嘴、神态凶煞的鬼脸形象而得名，其眉额处的小孔用于安插固定。鬼面瓦是种建筑构件，常装饰于唐宋建筑的脊部，宋以后逐渐在中国古建筑中消失，而在日本非常兴盛。

381. 鬼面瓦

Beast-mask-decorated Tile

唐

2000 年越秀区西湖路广百新翼工地出土

宽 22、高 27、厚 6 厘米

平面略呈梯形。一面浮雕兽面形象，眉上扬，眼圆睁，鼻孔凸出，龇牙咧嘴，神态凶煞。在眉额处有一近方形孔，用以安插固定。

382. 鬼面瓦

Beast-mask-decorated Tile

唐

1994 年东山区德政中路担杆巷工地出土

宽 25.8、高 42、厚 9 厘米

⊙ 千年古道

　　2002 年，在配合越秀区北京路改造工程
进行的考古发掘中，发现了唐代至民国时期层
层叠压的路面，实证北京路一带一直是广州的
城市中心。

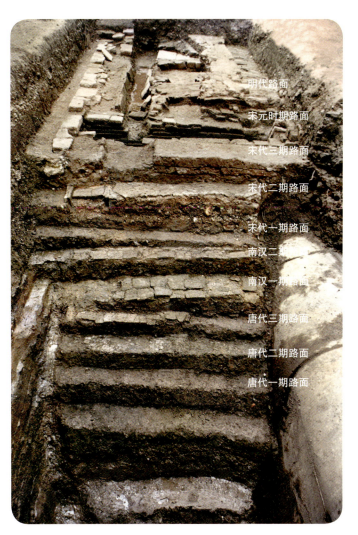

明代路面

宋元时期路面

宋代三期路面

宋代二期路面

宋代一期路面

南汉二期路面

南汉一期路面

唐代三期路面

唐代二期路面

唐代一期路面

原址保护展示的千年古道遗址

北京路千年古道遗址

多元交融

⊙ 饮食与生活

　　广州出土的唐代饮食器、生活器与国内其他地区，尤其是南方地区基本相类，如玉璧底的碗、盘，带圆环的灯盏等。各地著名窑口，如邢窑、越窑、长沙窑生产的陶瓷器汇聚于广州，在外销的同时，也被广州先民使用。

　　唐代，以茶为药、以茶为羹的粗放式饮茶法不再流行，煎茶成为主要的饮茶方式。

383. 越窑青瓷碗

Celadon Bowl (Yue Kiln)

唐
2002 年东山区太和岗路淘金家园工地 M6 出土
口径 14、足径 5.8、高 4 厘米

　　玉璧底，即饼状足中心挖去一小片同心圆，因形似玉璧故名，是唐代中、晚期流行足式之一，唐代越窑、邢窑、定窑、长沙窑等窑口产品上均有所见。

384. 白釉褐绿彩碗

White-glazed Porcelain Bowl with Russet and Green Painted Designs

唐

2004 年东山区文德路东方文德广场工地出土

口径 17、足径 6.5、高 5.7 厘米

　　这件白釉褐绿彩碗是长沙窑中晚唐时的典型产品。长沙窑位于今湖南长沙，是唐代南方规模巨大的青瓷窑场之一。长沙窑瓷器不但行销国内，更远销亚洲各地，最远可达非洲东北部，被誉为中国第一个外销型瓷窑。

385. 邢窑白瓷碗

White Porcelain Bowl (Xing Kiln)

唐

2014 年越秀区恒福路铁路疗养院工地 M19 出土

口径 14.8、足径 6.5、高 5 厘米

　　玉环底，因形似玉环而得名，是晚唐五代时期流行的一种陶瓷器足部样式。

386. 青瓷杯

Celadon Cup

隋

2010 年越秀区东风东路中山大学附属肿瘤医院工地 M52 出土

口径 10.8、足径 7.6、高 12 厘米

387. 长沙窑褐彩青瓷执壶

Celadon Jar with Brown Color（Changsha Kiln）

唐

2012 年越秀区盘福路东风西路小学工地出土

口径 9.9、腹径 16.5、底径 13.7、高 21.6 厘米

　　长沙窑以彩绘、贴花、印花最负盛名，今经科学检测分析，应为高温釉上彩。贴花人物多为胡人，或吹奏，或持兵器，或舞蹈，具有浓郁的域外文化特色。贴花处常多涂一层褐彩，使其更加醒目。

388. 青釉六系罐

Celadon Six-handled Jar

隋

2003 年东山区执信路执信中学工地 M26 出土

口径 10.3、腹径 17.9、足径 11.3、高 12.6 厘米

389. 青釉六系罐

Celadon Six-handled Jar

唐

2001 年东山区太和岗路御龙庭工地 M81 出土

口径 10.5、腹径 18、底径 10.5、高 17 厘米

390. 鸟形陶壶
Pottery Pot in Bird Shape

唐

1997 年东山区先烈中路广州动物园工地 M12 出土

口径 4、腹径 9.2、足径 5.2、通高 9 厘米

　　肩部有短流，对应处有鸟尾形錾，两侧贴塑双翅。此类器形亦称水注，为长沙窑常见。

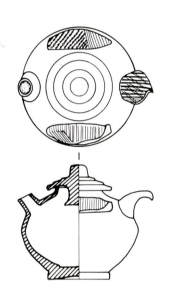

391. 青釉双耳小罐

Celadon Jar with Two Ears

唐

2010 年荔湾区西湾路旧广州铸管厂地块 M230 出土

口径 6.1、腹径 7.5、足径 5、高 7.8 厘米

392. 青釉灯盏

Celadon Candle Holder

唐

1998 年东山区太和岗路淘金家园工地 M2 出土

口径 9.6、足径 4.1、高 3 厘米

393. 青釉灯

Celadon Lamp Holder

唐

2010 年越秀区东风东路中山大学附属肿瘤医院工地 M73 出土

口径 13.3、足径 9.8、高 10.8 厘米

394. 越窑青瓷唾壶

Celadon Spittoon (Yue Kiln)

唐

2004 年东山区文德路东方文德广场工地出土

口径 17、腹径 12.5、足径 9.4、高 11.5 厘米

　　唾壶是承唾之器，大体分喇叭形口和盘口两种，此为喇叭口。

曾边窑

　　位于番禺新造镇曾边村和南约村交界处原名曾边坑的山岗上。2018年发掘，是广州乃至珠江三角洲地区一处重要的唐代民窑。发现唐代晚期残窑1座、泥池1座，出土了大量青釉瓷器和陶器，均为当时民间使用的日常生活器皿，如碗、盘、罐、盆等。部分器物的器形、制作工艺等与佛山高明窑、新会官冲窑以及著名唐代沉船"黑石号"出水广东产陶瓷器颇为相近，对海上丝绸之路研究具有重要意义。

曾边窑残存窑体

395. 青釉碗

Celadon Bowl

唐
2018 年番禺区曾边窑遗址出土
口径 17、足径 7.6、高 7.5 厘米

剥釉现象严重。

396. 青釉碗

Celadon Bowl

唐
2018 年番禺区曾边窑遗址出土
口径 20、足径 6.5、高 8 厘米

　　绿釉色深微偏黄，有开片、口沿部分剥釉，内底积釉，外半釉，有少量流釉，部分位置似有保护釉，呈色偏红。内底有落渣，有窑变现象。挖足呈现外圈足、中心小实足的二层台状。

397. 青釉四耳罐

Celadon Jar with Four Ears

唐

2018 年番禺区曾边窑遗址出土

口径 13.6、腹径 17.6、底径 13.6、高 18.4 厘米

　　胎色黄偏白，质地坚实、厚重，一耳侧刻"之"字。绿釉亮泽，内施满釉，外及下腹部有流釉现象，釉面有横向金丝条状开片。口部有对烧痕迹，外底边缘有 6 块垫烧痕。

398. 青釉单把杯

Celadon Cup

唐

2018 年番禺区曾边窑遗址出土

口径 9.6、足径 4、高 6 厘米。

　　胎色黄偏红，质地疏松，釉剥落严重，仅少量残存，外壁挂釉痕迹明显，近满釉，内壁也应为满釉。把残。

399. 青釉盒盖

Celadon Cover

唐

2018 年番禺区曾边窑遗址出土

口径 10.4、纽径 4、高 5 厘米

　　盖面几乎满釉，内壁仅近口沿部分有釉，胎釉结合度好，有开片。外有与其他共烧器物的粘连痕迹。

400. 青釉盘

Celadon Plate

唐

2018 年番禺区曾边窑遗址出土

口径 15、底径 4.6、高 2.3 厘米

　　釉色深绿，内底有 5 块近方形刮釉痕迹，外施半釉，流釉现象明显。

⊙ 服饰与妆容

唐代女性以开放、时尚著称，在中国历史上独具特色。考古发掘出土大量纹饰精美的铜镜，侧面反映了唐代女性的审美风尚。隋唐铜镜种类繁多、形制多样、装饰富丽，主要有瑞兽、瑞兽葡萄、花鸟、宝相花、神仙人物、道教题材等纹饰。

401. 八菱花鸟纹铜镜

Bronze Mirror with Patterns of Flowers and Birds

唐

1999 年天河区恒福路内环路工地 M26 出土

直径 9.4、缘厚 0.3 厘米

402. 四方委角瑞兽纹铜镜

Bronze Mirror with Auspicious Beast Patterns

唐

2008 年越秀区太和岗路淘金家园工地 M91 出土

边长 10、缘厚 0.15 厘米

镜背面饰四匹飞马，相间灵芝纹。与一枚
铜镊共出。

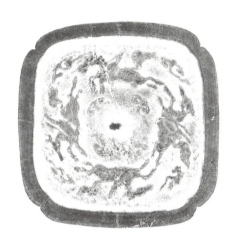

403. 铜镊（带耳勺）

Bronze Tweezers (with Earpick)

唐

2008 年越秀区太和岗路淘金家园工地 M91 出土

长 10 厘米

404. 葡萄缠枝纹铜镜
Bronze Mirror with Patterns of Grapes and Interlocking Branches

唐

2004 年东山区永福路军区干休所工地 M1 出土

直径 9.4、缘厚 0.6 厘米

镜背圆纽上有半球形穿孔，纽座饰八花瓣。内区环绕五串葡萄枝蔓，外区一周饰缠枝花。外缘饰栉齿纹，边缘凸起。镜面光亮可鉴。

405. 葵形花鸟纹铜镜
Bronze Mirror with Patterns of Flowers and Birds

唐

2000 年天河区恒福路银行疗养院工地 M15 出土

直径 18.9、缘厚 0.3 厘米

八出葵花形，圆纽。纽外四株大折枝花，花间有四只展翅飞翔的小鸟。

406. 青釉盒

Celadon Box

唐

1999 年天河区恒福路内环路工地 M18 出土

口径 9.7、底径 7.4、通高 7.5 厘米

407. 陶侍女俑

Pottery Maid Figurine

唐

2000 年东山区太和岗路波尔多庄园工地 M17 出土

高 25 厘米

408. 陶侍女俑

Pottery Maid Figurines

唐

1998 年东山区先烈中路 81 号大院工地 M2 出土

高 19 厘米

三个一组。左边人俑头梳单髻,双手搭巾,拱贴腹前;中间人俑头梳双髻(残),穿窄袖圆领袍,下露裤脚,着便鞋;右边人俑头梳单髻,穿尖领长裙,双手交于腹前,执拂尘。

409. 琉璃珠

Glass Beads

唐
2008 年越秀区中山五路景豪坊工地出土
左二下缠丝玛瑙长 1.72、径 0.59 ~ 0.97 厘米

　　景豪坊工地出土各色玻璃珠成品约 5000 颗，其中以成品珠为多，半成品、残次品较少，还有少量的陶珠和玛瑙珠，出土一定数量的玻璃珠加工材料，如石英料、加工器具等。出土的玻璃珠经科学检测为矿物碱型钠铝玻璃，其在空间和时间上有着广泛分布，印度、中国、东南亚、韩国、日本等地均有发现。玻璃珠以小型的为主，径多在 2 毫米左右，可能是组成衣服璎珞的装饰。

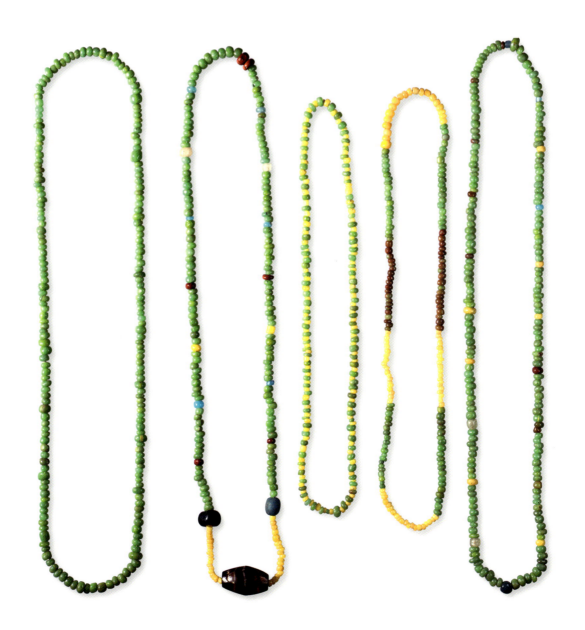

⊙ 文化与信仰

文化

　　隋唐时期，随着科举制度兴起，广州的文化教育有了长足进步，唐代广州登进士第的就有 9 人。考古出土的端砚、青瓷多足砚是独具特色的文房用品。

410. 滑石笔架

Talc Pen Holder

唐

2004 年东山区环市东路华侨小学工地 M18 出土

宽 6.3、高 2.6、厚 0.9 厘米

411. 青瓷水盂

Celadon Water Jar

唐

2019 年越秀区解放中路安置房项目地块出土

口径 6.8、腹径 14.1、足径 7.1、高 5.6 厘米

　　内底残留黑色物质，很可能是长期使用过程中墨汁沉淀形成的。底部挖足成二层台状，似唐代曾边窑产品。

412. 端砚

Duan Inkstone

唐

2009 年天河区先烈东路沙河顶 M9 出土

长 11.1、宽 7.9、高 1.6 厘米

　　端砚是中国四大名砚之一，产于唐代初期端州（今广东肇庆市，东郊有端溪），故名端砚。此为绿端，石质幼嫩、润滑，在端砚中是较名贵而难得的一种砚石。

413. 端砚

Duan Inkstone

唐

2009 年荔湾区站西路广州机务段工地 M30 出土

长 17.2、宽 11.5、高 3 厘米

　　紫红色，石质细腻，造型古朴，线条简练
流畅，属唐代端砚精品。

414. 端砚

Duan Inkstone

唐

2000 年天河区恒福路银行疗养院工地 M17 出土

长 14、宽 9.9、通高 3 厘米

　　底部刻划"钟□□订"四字。"箕形砚""风字形砚"
都是唐代的流行砚式，"箕形砚"因形似长方形箕，"风字形砚"
因砚尾两侧向外撇似风字故名。此件底部粘连附着物。

415. "吴永判官"端砚

"Wuyong Panguan" Inkstone

五代南汉

2009 年海珠区广州医科大学附属第二医院 M1 出土

长 10、宽 7、高 1.6 厘米

416. 青釉多足砚

Celadon Inkstone with Multiple Legs

隋唐

2000 年越秀区西湖路广百新翼工地出土

417. 青釉七足砚

Celadon Inkstone with Seven Legs

隋

2003 年东山区执信路执信中学工地 M26 出土

口径 15.8、腹径 17.4、高 5 厘米

浅盘，内底边缘有凹槽，下附七乳状足。

宗教盛行

唐代，伴随着海外贸易的兴盛，伊斯兰教从海路登陆广州，并在中国传播。这一时期，佛教继续发展，广州寺院林立，禅宗、律宗和密宗并存。

怀圣寺光塔

怀圣寺是伊斯兰教传入我国后最早建立的清真寺之一，为纪念伊斯兰教创始人"至圣"穆罕默德而建，故名"怀圣"，是唐宋时期广州城西蕃坊内的标志性建筑，也是唐代以来到广州进行贸易的商客及定居的穆斯林最重要的宗教活动场所。光塔高 36.5 米，既是穆斯林的"宣礼塔"，又由于所处区域在唐代是广州内港的主要码头区，故兼具灯塔引航作用。

怀圣寺光塔

418. 双狮纹铜镜

Bronze Mirror with Lion Patterns

唐
2003 年东山区执信路执信中学工地 M93 出土
边长 12、缘厚 0.15 厘米

自然界中的狮子原产于非洲和西亚，狮子几乎与佛教在汉代同时传入中国。唐代，威武雄健的狮子更受青睐，在中国佛教建筑中，狮子图案也是最常见的纹饰，其他生活器皿中也出现以狮子为题材的装饰。

419. 青釉象首形瓶

Celadon Vase with Elephant-head Mould

唐

1999 年天河区恒福路内环路工地 M18 出土

口径 1.2、腹径 9.8、足径 4.8、高 22.5 厘米

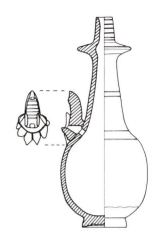

　　净瓶的一种，器形较独特。瓶身上方有一个垂直向上的细颈，颈中有一个相轮状突起。瓶身无柄，肩部贴塑象首形流，张口，长鼻高举，外围塑莲瓣。大象在佛教中象征功德和圆满，白象为普贤菩萨的坐骑，象也成为佛教的象征。

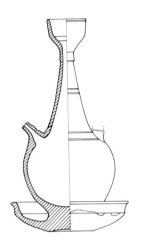

420. 青釉托盘注壶
Celadon Pot with Tray

唐
1999 年天河区恒福路内环路工地 M18 出土
壶口径 6.4、托盘口径 13、高 24.2 厘米

　　杯形口，细长颈，肩部有一带有莲瓣纹装饰
的短流，对应一侧原有置柄，残断，圆鼓腹，下
附托盘。

421. "和上盆" 铭青瓷盆

Celadon Basin with Inscriptions of "Heshang Pen"

唐

2019 年越秀区解放中路安置房项目工地出土

口径 33.1、底径 21.2、高 9.7 厘米

完好，厚重，釉色深沉，内底竖向刻画"和上盆"三字，"和上"即"和尚"，"大和尚"是对高僧的尊称。

商贸发达

隋唐时期，广州海外贸易高潮迭起。至迟在唐开元年间（785～805年），朝廷在广州创设市舶使，统管东南沿海对外贸易，建立起一套全新的市舶管理制度与经营方式。唐德宗贞元间大臣贾耽所记载的"广州通海夷道"更是闻名遐迩，从广州出发，经南海、印度洋一直到达波斯湾、东非南海岸，全线经历90多个国家和地区，全程共约14000千米。

⊙ 唐代铸币遗址

2000年，西湖路广百新翼工地考古出土一批"开元通宝"铜钱，同时发现不少冶铸残余的铜块、铜叶、铜枝和坩埚、铜渣、炭块、焦土粒等。2008年，广百新翼大厦北面的景豪坊工地又清理出唐代铸币遗址的铸炉遗迹。

景豪坊唐代铸币遗址地层剖面（红色烧结硬面是铸炉遗迹）

422. 陶坩埚

Pottery Crucible

唐
2000年越秀区西湖路广百新翼工地出土
口径7.7、高8.3厘米

坩埚是一种耐高温容器，也是古代冶金活动中的重要工具，多为陶质，用于熔炼、浇筑金属等。最早为东汉炼丹家使用。

423. 炉壁残块
Furnace Fragment

唐

2000 年越秀区西湖路广百新翼工地出土

长 12.3、宽 9.2、厚 5.5 厘米

　　炉壁残块与坩埚、铜枝等生产工具以及铜币残次品的出土证明广百新翼工地考古遗址应是与铸币工场相关的遗存，是广州地区首次发现的唐代铸币遗存。

424. 炉渣
Slag

唐

2000 年越秀区西湖路广百新翼工地出土

长 7.6、宽 6.7、厚 5.6 厘米

　　冶炼过程中生成的，浮在液态金属表面的熔体，以氧化物为主。

425. "开元通宝"铜钱

"Kaiyuan Tongbao" Copper Coins

唐

2000 年越秀区西湖路广百新翼工地出土

直径 2.5、厚 0.17 ～ 0.2 厘米

426. 模腔流道铜枝

Cooper Branch of Coin Mould

唐

2000 年越秀区西湖路广百新翼工地出土

长 30.7、叶厚 0.1 厘米

模腔流道铜枝是指拆模摘剪铜钱后的干枝部分。干为方茎，两侧出枝。该铜枝为 11 对，呈叶状，是接铜钱的部分。这枚铜枝的出土证明唐代广州有自己的铸币点，从形态又可知使用的是双合范竖式浇铸法，而不是东汉以后就较为常见的更为高效的叠铸法。

⊙ 南海神庙

位于广州市黄埔区庙头村，又称"波罗庙"，始建于隋文帝开皇十四年（594年），是我国唯一完整保存下来的官方祭海神庙。

庙内现存历代石碑30余方，其中唐韩愈撰《南海神广利王庙碑》记叙了南海神庙早期祭祀的仪式，碑文中首次出现"海事"一词。南海神庙位于广州出港进入大洋的必经航路上，中外商人在出航前都要泊船登岸祭拜，祈求海神护佑、航行平安。

唐《南海神广利王庙碑》
拓片及"海事"细节

⊙ 从简薄葬

隋唐五代时期，广州地区墓葬规模普遍较小，随葬器物少。唐代墓葬前室砌有渗井，后室多搭棺床，有的在侧壁或后壁砌"壸（kǔn）门"作为装饰。

2010 年越秀区广州华侨外国语学校工地 M6 后壁

2012 年广州动物园唐墓 M1 前室渗井

⊙ 墓志记事

墓志是放在墓里记叙死者生平事迹的石刻。始于东汉，但数量少，三国时期魏王曹操提倡俭朴、薄葬，禁止树碑为个人立传，一般的士大夫阶层遂将死者的生平及歌颂文辞镌刻于一较小的石面或砖面上，置棺内随葬，称为墓志。广州发现最早的墓志出土于唐代墓葬。

427. 王复元墓志

Epitaph of Wang Fuyuan

唐

1998 年东山区太和岗路淘金家园工地 M2 出土

长 36.8、宽 34.4、厚 5 厘米

砖质。志文楷书，共 253 字。由志文可知，墓主人王复元，太原人，曾任广州同节度副使，唐开成五年（840 年）六月病故，享年 59 岁。

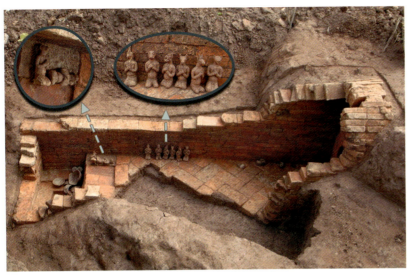

2012 年广州动物园唐墓 M1 陶生肖俑出土现场

☉ 生肖揖礼

广州动物园唐墓 M1 出土生肖俑，有鼠、牛、龙、马、羊、猴、鸡、狗八尊，皆兽首人身、着贴身上衣，除鼠盘腿而坐以外皆为踞坐，与其他地区出土的隋唐时期生肖俑有明显区别。

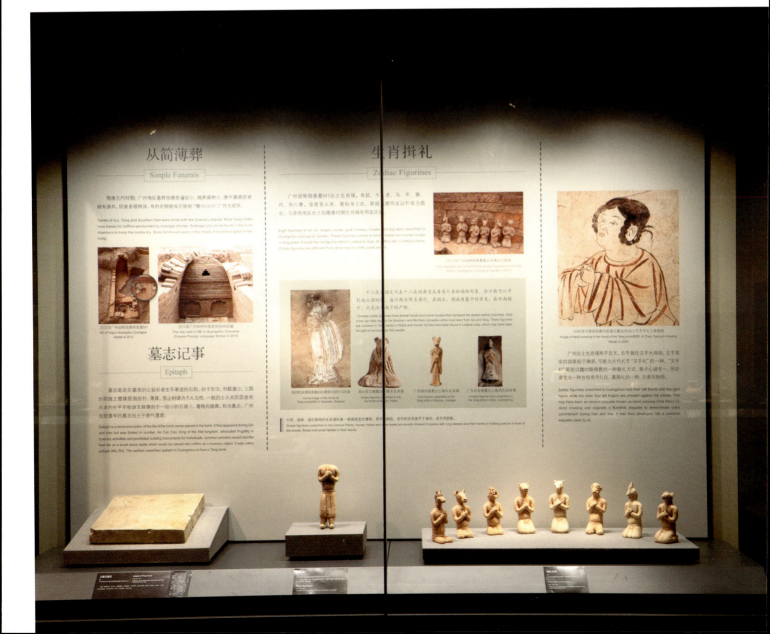

428. 陶生肖俑

Pottery Chinese Zodiac Figurines

唐

2012 年越秀区先烈中路广州动物园工地 M1 出土

高①鼠 19.3、②牛 18.7、③龙 18.5、④马 19、⑤羊 20.2、⑥猴 19.4、⑦鸡 20.8、⑧狗 19.5 厘米

①

②

③

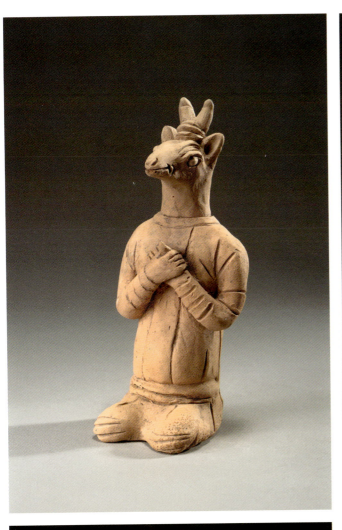
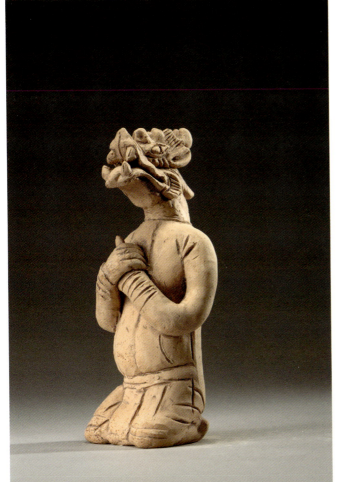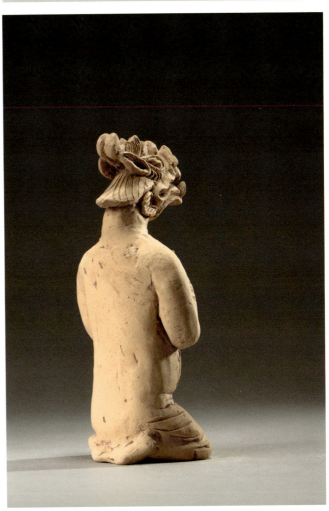

⑦

⑧

④

⑤

⑥

*小知识:

　　十二生肖俑一般是代表十二辰的禽首或兽首人身的特殊明器。最早出现于南北朝时期,盛行于隋唐时期。在湖北、湖南、陕西、四川、江苏等地隋唐墓中较常见,在岭南极少,应是汉人南下的产物。中原、湖南、湖北等地的生肖俑形象一般都是宽衣博带,两手向胸前,或作拱状或拢手于袖内,或手持笏板。

云山珠水间——考古发现的广州

　　唐代男陶俑和广州出土生肖俑两手交叉，右手握住左手大拇指，左手其余四指紧贴于胸前，可能为古代礼节"叉手礼"的一种。"叉手礼"原是汉魏时期佛教的一种敬礼方式，表示心诚专一，而后演变为一种世俗常用礼仪，属揖礼的一种，古老而独特。

429. 陶男俑
Pottery Male Figurine

唐
2000年东山区太和岗路波尔多庄园工地M17出土
宽6、残高16厘米

男俑头部残缺。直立，双手交叉行"叉手礼"，叠置于胸前。身着长袍，袍长过膝，腰系束带，脚着短靴。

358

430. 青釉多角罐

Celadon Pottery Jar with Multiple Pointed Edges

唐

2010 年荔湾区西湾路旧广州铸管厂地块 M230 出土

口径 11、底径 18.6、通高 45.5 厘米

　　多角罐是由三国、两晋时的谷仓罐演变而来。造型为上小下大弧形台阶的多重塔式，器身分层装饰多个垂直或斜直的圆锥角。吴地方言中"角""谷"音近，取其"五谷丰登"的吉祥寓意。

第三单元

东方港市（宋元）

五代十国时期，南汉政权以广州为都，拓城池、建宫苑，促生产、兴海贸，社会持续进步。宋灭南汉后，岭南经济文化进一步发展。元代，统治者十分重视海外贸易，广州仍是东方贸易大港、中外商旅辐辏之地。

三城格局

北宋中期广州形成东、中、西三城格局。范围大约东至今越秀路，西至今人民路，南至今大德路、大南路、文明路一线，北至今百灵路、越华路、豪贤路一线，奠定了此后广州城的基本格局。

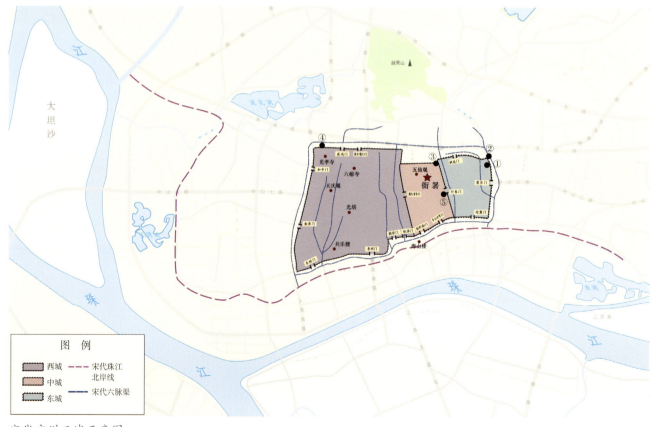

宋代广州三城示意图

① 2002 年越秀北路东濠涌宋代广州东城墙

⊙ 修城建垣

　　宋代广州是对外重要港口，也是政府重要财赋之区，人口众多、商贸发达。宋朝统治者对广州城市建设特别重视，文献记载的修建城垣就达 21 次，考古出土的大量修城砖就是见证。广州修城砖大致有民造、官造、军造三大类，而以军造砖为主，还会使用前朝旧砖。

② 2015 年越秀北路宋代城墙东北角台基址

③ 1996 年越华路宋代城墙遗址

④ 2014 年盘福路宋代城墙遗址

⑤ 2011 年中山四路南汉－宋代城墙与涵洞遗址

431. "景定元年造禦備□"铭文砖

Brick with Inscriptions "Made in the First Year of Jingding for Defense"

宋

1996 年越秀区仓边路银山大厦工地出土

残长 18、宽 20.5、厚 6.5 厘米

　　残存 "景定元年　造禦備□" 等字。"景定" 是南宋理宗第八个年号，"景定元年" 即公元 1260 年。

432. "番禺县修城"铭文砖

Brick with Inscriptions "For the City Construction of Panyu"

宋

1996 年越秀区仓边路银山大厦工地出土

残长 27、宽 20.5、厚 7 厘米

　　正面、右侧面皆有铭文 "番禺县修城大条砖"。宋代修筑城墙的砖来自不同地方，此外还有 "南海修城砖""增城县城砖" 等字样。

433. "摧锋监造"铭文砖

Brick with Inscriptions "Made by Cuifeng"

宋

2002 年越秀区北京路千年古道遗址出土

残长 14、宽 25、厚 5 厘米

　　残，有 "摧锋监造" 四字铭文。摧锋军为南宋时诸多地方军种之一，主要服役于广南东路，其创制缘于绍兴三年（1133 年）粤东海寇黎盛之乱。摧锋军颇受宋廷倚重，常被遣戍防他处，几与南宋王朝相始终，曾抗击元朝军队。

434. "广州"铭文砖

Brick with Inscriptions "Guangzhou"

宋

1996 年越秀区仓边路银山大厦工地出土

残长 18.8、宽 17.6、厚 5.5 厘米

　　残余一角，正面可见"广州"戳印，右侧面有铭文"□王将造"。

435. "番"铭文砖

Brick with Inscription "Pan"

宋

2002 年越秀区北京路千年古道遗址出土

长 32.5、宽 15.7、厚 5.5 厘米

436. "广州三城"砖

Brick with Inscriptions "Three Cities in Guangzhou"

宋
2003 年越秀区越华路工地采集
残长 27、宽 18、厚 5.7 厘米

　　一侧印反向"广州三城"铭文。文献载宋代广
州建有子城、东城和西城，此砖是广州宋代三城的
有力物证。

⊙ 引水入城

　　广州自宋代开始大力修建供水和排水设施，将白云
山水源引入城内六条水渠，汇入珠江。这六条水渠兼具
防洪、消防、通航的功能，犹如人体的六脉，史称"六
脉渠"。

1997 年越秀区吉祥路宋代六脉渠遗址

2002 年越秀区大塘街宋代河堤遗址

⊙ 大通寺遗址

2004 年，考古人员在芳村区芳村大道西花地河以东（今恒荔湾畔小区）发掘了南汉至北宋时期建筑遗址，应为南汉宝光寺、宋代大通寺所在。遗址出土数件外底墨书"大通"铭文瓷碗，是确认宋大通寺的重要实物依据。

437. 莲瓣纹七边形塔式陶炉
Pagoda-shaped Pottery Stove with Lotus Patterns

宋
2004 年芳村区芳村大道恒荔湾畔工地出土
口径 10、高 32.5 厘米

438. "大通" 铭文白瓷碗

White Porcelain Bowls with Inscriptions "Da Tong"

宋

2004 年芳村区芳村大道恒荔湾畔工地出土

①口径 14.6、足径 6.6、高 4.6 厘米

②足径 3.8、残高 3.8 厘米

③口径 11.8、足径 5、高 5.8 厘米

①

②

③

439. 青釉陶炉

Celadon Pottery Stove with Lotus Design

宋

2010 年越秀区中山四路东山印象台工地出土

口径 18.5、足径 12.6、高 19 厘米

　　喇叭口，下腹与圈足间有花边状附加堆纹、腹划刻双重莲瓣纹。

440. 青白瓷盏托

Bluish White Porcelain Saucer

宋

2004 年芳村区芳村大道恒荔湾畔工地出土

口径 8.5、足径 5.9、高 2.4 厘米

441. 青釉陶熏炉盖

Celadon Censer Cover

宋

2004 年芳村区芳村大道恒荔湾畔工地出土

口径 13.9、纽径 2.7、高 5.9 厘米

市井繁华

⊙ 饮食器

442. 缠枝牡丹纹绿釉碗

Green-glazed Porcelain Bowl with Peony Patterns

宋

2008 年越秀区中山五路景豪坊工地出土

口径 19、足径 5.9、高 7 厘米

443. 划花青瓷碗

Celadon Bowl with Engraved Flower Patterns

宋

2006 年越秀区中山四路翰雅明轩工地出土

口径 18.6、足径 6.2、高 7 厘米

应为福建闽清义窑产品。

444. 划花青瓷盘

Celadon Plate with Engraved Flower Patterns

宋

2006 年越秀区中山四路翰雅明轩工地出土

口径 15.4、足径 5.8、高 3.7 厘米

应为南宋龙泉窑产品。

445. 篦划花莲纹青瓷碗

Celadon Bowl with Engraved Flower Patterns

宋

2006 年越秀区中山四路翰雅明轩工地出土

口径 16.1、足径 5.85、高 3.1 厘米

446. 划花波浪纹青白瓷碗

Bluish White Porcelain Bowl with Engraved Wave Patterns

宋

2004 年东山区文德路东方文德广场工地出土

口径 20.4、足径 6.3、高 7.6 厘米

应为江西景德镇窑产品。

⊙ 吃茶之风

吃茶之风兴于唐而盛于宋。和唐代的煎茶法不同，宋代流行的点茶法是将茶叶末放在茶碗里，注入少量沸水调成糊状，然后用执壶或瓢直接向茶碗中注入沸水，同时用茶筅（xiǎn）搅动，茶末上浮形成粥面。

447. 锡壶
Tin Ewer

宋
2019 年越秀区解放中路安置房项目工地出土
口径 8.6、腹径 13.9、底径 6.8、通高 27.8 厘米

典型宋代执壶的造型。

448. 酱釉陶执壶
Brown-glazed Pottery Ewer

宋
2002 年东山区中山四路大塘街百岁坊工地出土
口径 4.2、腹径 6.3、足径 4.5、高 9.8 厘米

449. 黑釉瓷盏

Black-glazed Porcelain Cup

宋

2004 年东山区文德路东方文德广场工地出土

口径 12.5、足径 4.4、高 7.4 厘米

　　黑釉盏作为饮茶器皿，在宋代茶道上很受重视，因为黑色更容易衬托白色茶沫和观察茶色而受到斗茶者的喜爱。该碗应为福建福清东张窑的产品。碗内部使用痕迹非常明显。

450. 黑釉瓷盏

Black-glazed Porcelain Cup

宋

2002 年越秀区中山六路越秀晋德汇工地出土

口径 13.5、足径 3.5、高 4.8 厘米

451. 酱釉瓷盏

Brown-glazed Porcelain Cup

宋

2002 年越秀区中山六路越秀晋德汇工地出土

口径 13.2、足径 3.6、高 4 厘米

452. 玳瑁釉剪纸贴花凤纹瓷盏

Tortoiseshell-glazed Porcelain Cup with Phoenix Patterns

2002 年越秀区中山六路越秀晋德汇工地出土

口径 14.4、足径 3.2、高 4.4 厘米

应为江西吉州窑产品。

⊙ 生活器皿

　　宋代生活器皿有盒、炉、镜、姜礤等。青白瓷为新兴的瓷器品种，在日常生活中逐渐普及，其釉色介于青白二者之间，青中泛白、白里显青，具有胎腻洁白、透光见影、釉面莹润、色泽如玉等特征。广州西村窑出土少量青白瓷碗。

453. 酱釉莲花炉

Brown-glazed Pottery Stove with Lotus Design

宋

2002 年越秀区中山六路越秀晋德汇工地出土

口径 9.4、足径 5.4、高 10.3 厘米

454. 酱黄釉陶炉

Pottery Stove with Brown and Yellow glaze

宋

2002 年越秀区中山六路越秀晋德汇工地出土

口径 12.1、足径 6.5、高 10.8 厘米

455. 青瓷军持

Celadon Kendi

宋

2002 年越秀区中山六路越秀晋德汇工地出土

口径 12.1、腹径 18.2、足径 11.8、高 22.7 厘米

　　军持为梵语音译，又译作君持、军迟等，意译为"瓶"（净瓶）。古代一种盛水器皿，原为印度一种日用品，后被佛教徒赋予宗教意义。僧人游方时携带，用以贮水以备饮用及净手等。

456. 彩绘陶瓶

Painted Pottery Jar with Flower Patterns

宋

1999 年越秀区中山四路府学电站工地出土

口径 8.6、腹径 11、足径 7.1、高 16.2 厘米

　　器表施一层白色化妆土，褐彩绘花、口沿及底足施褐色护胎釉。颈部绘仰莲、腹部绘折枝花。可能也是文人雅好的插花工具。为江西青州窑产品。

457. 青白瓷盒

Bluish White Porcelain Box

宋

2002 年越秀区中山六路越秀晋德汇工地出土

口径 6.6、底径 6、高 2.2 厘米

为江西景德镇湖田窑的代表产品。

458. 青白瓷盒

Bluish White Porcelain Box

2002 年越秀区中山六路越秀晋德汇工地出土

口径 8.4、足径 8、高 5.5 厘米

为江西景德镇湖田窑的代表产品。外壁及喇叭圈足均呈瓜棱状，内底有凸棱，口部及圈足内底露胎。

459. 带柄龙纹铜镜

Bronze Mirror with Handle and Dragon Patterns

宋

2004 年东山区麓湖路南方电视台工地 M24 出土

直径 9.1、缘厚 0.3、柄长 7.7 厘米

　　有长柄可手持，镜面呈八瓣葵花形，镜背装饰一龙环绕纽座，作口吐祥云状。

460. 端砚

Duan Inkstone

宋

2004 年东山区环市东路华侨小学工地 M24 出土

长 17.8、宽 11.5、高 2.4 厘米

461. 青白瓷小盂
Bluish White Porcelain Jar

宋

1999 年越秀区中山四路府学电站工地出土

口径 3、腹径 6.1、足径 3.4、高 5.2 厘米

462. 青白瓷小盂
Bluish White Porcelain Jar

宋

1999 年越秀区中山四路府学电站工地出土

口径 2.6、腹径 6.4、足径 3.7、高 6.2 厘米

463. 青釉褐彩盂
Green-glazed Jar with Brown Color

宋

2015 年越秀区中山四路与德政中路交叉口地块出土

口径 3.3、腹径 6.5、足径 3.9、高 4.8 厘米

商贸中心

北宋开宝四年（971年），朝廷首先在广州设置市舶司，专门管理海外贸易。元丰三年（1080年），朝廷制订颁行《广州市舶条》，这是现存我国乃至世界历史上第一部管理海外贸易的专门法规。宋元时期，与广州保持贸易往来的国家达100多个。

⊙ 外销瓷中转地

宋元时期，我国制瓷业十分发达，多处窑口烧造的优质陶瓷，经由广州出海，畅销海外。陶瓷贸易带来的巨额利润也推动了广州本地陶瓷业的发展。

464. 吉州窑印花绿釉盏

Green-glazed Cup with Flower Patterns (Jizhou Kiln)

宋
2002年越秀区中山六路越秀晋德汇工地出土
口径10.6、足径3.6、高4厘米

施绿釉，外釉不及底。内壁模印牡丹花纹，为吉州窑产品。吉州窑位于江西吉安市永和镇境内，创烧于唐代晚期，经五代、北宋，鼎盛于南宋，至元末终烧。装饰技法多样，以木叶、玳瑁、洒釉、剪纸、贴花、印花、彩绘等为特点。其绿釉属于低温铅釉。

465. 耀州窑葵口印花青瓷碟

Celadon Plate with Flower Patterns (Yaozhou Kiln)

宋

2002 年越秀区中山六路越秀晋德汇工地出土

口径 10.2、底径 2.4、高 2.1 厘米

　　耀州窑是北方青瓷的代表，位于今陕西铜川市的黄堡镇。其产品胎薄质坚，釉面光洁匀静，色泽青幽，以结构严谨丰满、线条自然流畅的刻花和印花装饰为特点。

466. 龙泉窑青瓷碗

Celadon Bowl (Longquan kiln)

宋

2003 年越秀区中山四路致美斋工地出土

口径 18.3、足径 6.3、高 7.9 厘米

467. 龙泉窑青瓷碗

Celadon Bowl (Longquan Kiln)

宋

2003 年越秀区中山四路致美斋工地出土

口径 18.5、足径 6、高 8.3 厘米

468. 越窑青瓷莲花盖罐

Covered Celadon Jar with Lotus Patterns (Yue Kiln)

宋

1999 年越秀区中山四路府学电站工地出土

口径 5.5、腹径 11、足径 5.9、高 9.6 厘米

　　越窑是中国唐宋时期南方著名的青瓷窑，窑场众多，主要分布在今浙江省上虞、余姚、慈溪、宁波等地。宋代越窑产品多刻划花装饰，如莲瓣纹等。

469. 湖田窑青白瓷碗

Bluish White Porcelain Bowl (Hutian Kiln)

宋

2003 年越秀区中山四路致美斋工地出土

口径 19、足径 5.5、高 6.5 厘米

　　湖田窑位于今江西景德镇东南湖田村。创烧于五代，宋代成为青白瓷的主要产地，以胎质洁白轻薄为特点。这件青白瓷碗为六瓣葵口，矮圈足。薄胎，除圈足内有饼状垫烧痕迹外均施釉，内壁与内底划缠枝卷草莲花纹。

⊙ 西村窑

位于西村增埗河东岸岗地上，以皇帝岗最为丰富，堆积最厚达 7 米。西村窑是北宋年间专门生产外销瓷的窑场。产品分粗瓷和精瓷两类，以粗瓷为主。釉色以青釉为主，黑酱釉次之，还有少量低温绿釉器。器形丰富，装饰方式有刻花、印花、彩绘、点彩和镂刻等。西村窑有大量仿烧耀州窑、景德镇窑、邢窑、定窑和建窑的产品，也有青釉褐彩大盘、青釉凤首壶等具有自身特点的器物。西村窑产品在我国西沙群岛及东南亚地区都有发现，菲律宾和印度尼西亚等地还有不少传世品。

西村窑龙窑局部

470. 陶印花模

Pottery Pattern Mould

宋

1956 年荔湾区西村窑遗址出土

残长 14.2、宽 8、厚 2 厘米

制瓷工具，用这种刻有装饰纹样的印模，可以在尚未干透的胎上印出花纹，便于大批量生产美观、规整的带有花纹的瓷器。此件与耀州窑印花模的风格极为近似。

471. 印花青瓷碗

Moulded Celadon Floral Bowl

宋
1956 年荔湾区西村窑遗址出土
口径 12.8、足径 4、高 5.5 厘米

472. 漏斗形匣钵

Funnel-shaped Saggar

宋

1956 年荔湾区西村窑遗址出土

口径 14.5、底径 5、高 9.5 厘米

　　烧窑器具之一。匣钵出现于南朝时期，至唐代普遍使用，西村窑匣钵有漏斗形、筒形等多种形状。

473. 筒形匣钵

Cylindrical Saggar

宋

1956 年荔湾区西村窑遗址出土

径 12 ~ 16、高 10.2 厘米

　　将器物置于匣钵里焙烧，避免了坯件直接接触烟火和窑顶落渣的困扰，可保持釉面洁净，有利于提高瓷器的质量，还可以堆垒，增加装烧密度、提高产量。该筒形匣钵因变形与内烧瓷盂粘连在了一起。

474. 匣钵支烧青瓷碗粘连残件

Fragment of Stacked Bowls

宋

1956 年荔湾区西村窑遗址出土

通高 15 厘米

　　漏斗形匣钵单件支烧，碗底以垫饼与匣钵相间隔，防止其粘结。正烧时成摞塌陷粘连在一起，匣钵外沿已被打掉。

475. 陶支柱

Pottery Support Tool

宋

1956 年荔湾区西村窑遗址出土

高 13.5 厘米

置于窑床与器物或匣钵之间，以抬高产品窑位。

476. 青瓷碗

Celadon Bowl

宋

1956 年荔湾区西村窑遗址出土

口径 15.9、足径 6、高 5.8 厘米

477. 青瓷执壶
Celadon Ewer

宋
1956 年荔湾区西村窑遗址出土
口径 6.5、腹径 15、足径 8.2、高 22.7 厘米

478. 酱釉瓷小净瓶
Brown-glazed Porcelain Vase

宋
1956 年荔湾区西村窑遗址出土
腹径 4.6、足径 3.8、残高 8.68 厘米

479. 鸟形陶哨

Pottery Whistle in the Shape of Bird

宋
1956 年荔湾区西村窑遗址出土
高 5.5 厘米

480. 酱釉陶葫芦形器

Brown-glazed Pottery Ware in the Shape of
Gourd

宋
1956 年荔湾区西村窑遗址出土
残高 4 厘米

481. 青瓷动物模型

Celadon Animal Figurines

宋
1956 年荔湾区西村窑遗址出土
最高约 5 厘米

　　玩具模型类器物，以狗的造型居多，其中青釉骑马俑有"马上封侯"的寓意，陶鸟形埙（口哨）造型可爱，葫芦形器、净瓶等小型器物模型可能也用于把玩。

482. 酱釉瓜棱罐

Melon Jar with Brown Glaze

宋

1956 年荔湾区西村窑遗址出土

腹径 11、足径 6、高 8.5 厘米

483. 酱釉瓷执壶

Brown-glazed Porcelain Ewer

宋

1956 年荔湾区西村窑遗址出土

口径 7.9、腹径 13、足径 7.2、高 20.7 厘米

腹部呈瓜棱形，施酱釉，外底露胎。

484. 酱釉瓷盏托

Brown-glazed Porcelain Saucer

宋

1956 年荔湾区西村窑遗址出土

口径 6.3、足径 4.9、高 9 厘米

杯近蛋形，托盘浅弧、高圈足，施酱釉，

圈足底露胎。

485. 绿釉陶鸟食罐

Green-glazed Pottery Bird Feeder

宋

1956 年荔湾区西村窑遗址出土

口径 6、腹径 7、底径 3.2、高 4.3 厘米

486. 褐彩青瓷杯

Celadon Cup with Brown Color

宋

1956 年荔湾区西村窑遗址出土

口径 7、足径 4.3、高 7.5 厘米

点彩是西村窑运用较多的一种装饰技法。

487. 褐彩刻花青瓷小瓶

Celadon Vase with Brown Color and Engraved Flowers

宋

1956 年荔湾区西村窑遗址出土

口径 3.4、腹径 6.5、足径 4.4、高 8.4 厘米

这种在刻划花上再点上铁锈色釉彩斑点的做法比较独特。

488. 青瓷小凤首壶

Celadon Phoenix-head Ewer

宋

1956 年荔湾区西村窑遗址出土

口径 2.2、腹径 6.1、足径 4.3、高 12.6 厘米

　　凤首壶是西村窑最有代表性的器形，应是为
满足海外人民的生活与宗教需求而生产的器物，
可惜残破的较多，多留凤首。这件是为数不多较
完整的小型凤首壶，嘴、柄残。

489. 青釉褐彩盆

Celadon Basin with Brown Color

宋

1999 年越秀区中山五路公园前地铁站工地出土

口径 31.2、足径 11.4、高 9.3 厘米

广州西村窑典型器物。器形较大，胎壁厚重，外壁素面，内底釉下绘褐彩菊纹。

⊙ 沙边窑

　　位于番禺南村镇沙边村东、珠江南岸的多个山岗上，是北宋时期广州地区规模较大的一处民窑。1990、1994、2015年三次发掘，清理龙窑3座，其中2号窑保存较完整，全长约46米。产品以青瓷为主，黑釉、酱釉较少，器形以碗、碟、杯为主，少量青釉褐彩盆与西村窑产品相似。

1994年发掘的沙边窑Y2窑炉灶门

Y2窑床

490. 陶垫圈
Pottery Gaskets

宋
1994 年番禺市南村镇沙边窑遗址出土
①直径 8.1～9 厘米
②直径 3.8～4 厘米

陶垫圈是陶瓷烧造时使用的一种间隔器具。置于两件器物之间或匣钵与器物之间，以防止其粘结。

①

②

491. 陶瓷火照
Ceramic Temperature Marker

宋
1994 年番禺市南村镇沙边窑遗址出土
长 6.5、宽 5.5、厚 0.8 厘米

火照又称火标，是测验陶瓷器焙烧生熟的窑具，宋窑的火照多利用碗坯改做。火照上有圆孔，当窑工观察窑内温度时，用长钩伸入观火孔，将火照从窑炉里钩出。每烧一窑要验火照数次，每验一次，就要钩出一个火照。

492. 青瓷轴顶碗

Celadon Nut of Pottery Vehicle

宋

1994 年番禺市南村镇沙边窑遗址出土

口径 8、高 5.2 厘米

　　轴顶碗是陶车上的一个部件，又称"轴顶帽"，呈八棱柱形，底面有一锅底状凹窝。用于镶嵌固定在陶车旋轮背面中心部位，凹窝扣在直轴顶端，是保证陶车流畅旋转的关键部位。

493. 青瓷盏

Celadon Cup

宋

1994 年番禺市南村镇沙边窑遗址出土

口径 9.6、足径 3.9、高 4.3 厘米

494. 青瓷高足碗

Celadon Stem Bowl

宋

1994 年番禺市南村镇沙边窑遗址出土

口径 11.3、足径 4.9、高 5.3 厘米

495. 青瓷水盂

Celadon Jar

宋

1994 年番禺市南村镇沙边窑遗址出土

口径 4.5、腹径 9.9、足径 6、高 5.9 厘米

496. 青瓷水盂
Celadon Jar

宋
1994 年番禺市南村镇沙边窑遗址出土
口径 4、腹径 9、足径 4.8、高 7.2 厘米

497. 青瓷碗
Celadon Bowl

宋
1994 年番禺市南村镇沙边窑遗址出土
口径 19.4、足径 7.2、高 9.2 厘米

498. 划花青瓷盘

Celadon Plate with Engraved Flower Patterns

宋

1994 年番禺市南村镇沙边窑遗址出土

口径 15、足径 5.5、高 4.9 厘米

499. 青釉褐彩盆残件

Fragment of Celadon Basin with Brown Color

宋

1994 年番禺市南村镇沙边窑遗址出土

残长 28、残高 9.8、足径 12 厘米

与西村窑同类器形风格近似，内底粘连有匣钵
残块，外圈足内粘连一环状垫圈。

⊙ 丧葬习俗

广州考古发现的宋元时期墓葬极少，很可能与当时流行的火葬风气有关。这一时期的墓葬一般较简单，多为土坑墓，有的墓有明显的地上建筑，往往有魂瓶随葬。萝岗水西三号墓是目前发现地表墓茔结构最为复杂的广州宋墓。

2013 年萝岗水西宋墓 M3 发掘现场

500. 青白瓷花口碗

Bluish White Porcelain Bowl with Foliate Rim

宋

2013 年萝岗区水西保障房工地 M2 出土

口径 12.9、足径 4、高 5.3 厘米

501. 陶魂瓶

Pottery Soul Jar

宋

2013 年萝岗区水西保障房工地 M3 出土

口径 24.2、腹径 29、足径 12.8、通高 58 厘米

　　瓶盖上堆砌门阙楼阁，屋顶停靠双鸟，亭内供奉众神。器身肩部间隔堆塑吹奏人物和狮子、摩羯形象。

502. 青瓷盏

Celadon Cup

宋

2013 年萝岗区水西保障房工地 M2 出土

口径 11.7、足径 4.4、高 4.3 厘米

503. 青瓷盏

Celadon Cup

宋

2013 年萝岗区水西保障房工地 M2 出土

口径 11.5、足径 4.3、高 3.9 厘米

504. 塔式陶魂瓶

Pagoda-shaped Pottery Soul Jar

宋

2003 年东山区竹丝岗战士杂技团工地 M10 出土

口径 21.8、腹径 32.6、底径 18、通高 25.6 厘米

　　魂瓶又称谷仓罐，有的在其上堆塑门阙楼阁、仙佛人像、飞鸟异兽、乐伎杂耍等题材，是南方民众精神世界的浓缩，也是了解当时宗教思想发展状况的一把钥匙。该魂瓶盖身共分三级，顶部围栏中立八脊圆亭，开八个门洞。

华侨小学南宋砖室墓

长方形竖穴砖室墓，墓内原置放双棺，已朽无存。墓内随葬器物48件，其中出土的36件石雕俑像为广州考古首见。

2004年华侨小学工地南宋砖室墓 M24

505. 石狮

Stone Lions

南宋

2004年东山区环市东路华侨小学工地 M24 出土

高 10.8 ～ 11.4 厘米

狮子是东汉时由安息国传入中国的，此后作为家宅守护神的形象在中国大量使用。该对石狮出土时位于两棺后端的左、右两侧。

506. 石俑

Stone Figurines

南宋

2004 年东山区环市东路华侨小学工地 M24 出土

高① 35、② 29、③ 25.8 厘米

　　M24 为两棺合葬，同出的石俑共 36 件，绕于两棺外围，立置。石人俑头戴平顶小圆帽，双眼圆睁，嘴下三绺短须，有护颈和腰部束带，双手按剑。

① ② ③

① ② ③

第四单元

天子南库（明清）

明清时期是广州乃至岭南地区发展的重要阶段。明初，政府将广州三城合为一城，并向南北方向拓展，人口急剧增加。清代，广州曾长期作为唯一对外通商口岸，成为朝廷财政税收的重要来源。屈大均称当时的广州为"金山珠海，天子南库"。

广东广州府舆图

三城合一

明初，永嘉侯朱亮祖合广州三城为一，并向北拓至越秀山，这是广州城首次北拓。明嘉靖年间，主政者在城南建新城，广州城规模再次扩大。经过两次大规模的城市开拓运动，广州城区面积成倍增加。

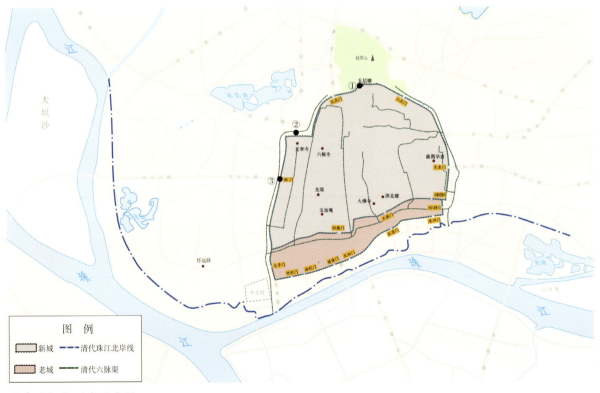

明清时期广州城示意图

①越秀山明代城墙基址

③1996年荔湾区中山七路西门口明代瓮城遗址　　　②2014年越秀区盘福路明代城墙遗址

⊙ 扩城修渠

广州现存或考古发现明清城墙 3 处，即西门口明代西城门瓮城遗址、盘福路市一医院明代北城墙遗址及越秀山明代城墙。明清广州城东达今越秀路，北至越秀山，西至今人民路，南至今一德路、泰康路、万福路一线。宋代修建的六脉渠继续沿用，渠道经过修缮加固。"六脉皆通海，青山半入城"是这一时期广州城的生动写照。

507. "广州修城砖"砖

Brick with Inscriptions "Brick for Guangzhou Urban Construction"

明
2018 年增城区南香山莲花书院遗址出土
残长 22、宽 17、厚 7 厘米

青灰色，表面有"广州修城砖"5 个楷书的长条形戳印。莲花书院遗址位于广州市增城区南香山，是明代大儒湛若水先生创办的 40 余所书院中目前唯一经过考古发掘且保存完整的重要遗址。修城砖的出土，说明修建书院也会利用当时不用的修城砖。

508. "天下太平"款青瓷碗底

Celadon Bowl Bottom with Inscriptions "Whole world at peace"

明

1996 年越秀区中山五路明代六脉渠遗址出土

足径 5.9、残高 4.6 厘米

509. "万福攸同"款青花瓷盘底

Celadon Plate Bottom with Inscriptions "All the best"

明

1996 年越秀区中山五路明代六脉渠遗址出土

足径 7.8、残高 1.9 厘米

510. "富贵长命"款青花瓷碗底

Celadon Bowl Bottom with Inscriptions "Prosperity and Longevity"

明

1996 年越秀区中山五路明代六脉渠遗址出土

足径 4.4、残高 4 厘米

511. "富贵佳器" 款青花瓷碗底

Blue and White Porcelain Bowl Bottom with Inscriptions "Rich and Esteem"

明

1996 年越秀区中山五路明代六脉渠遗址出土

足径 7.7、残高 1.8 厘米

512. "寿" 字青花瓷碟残片

Blue and White Porcelain Plate Fragment with Inscription "Longevity"

明

1996 年越秀区中山五路明代六脉渠遗址出土

足径 4.6、残高 2.2 厘米

513. "喜" 字青花瓷碗底

Blue and White Porcelain Bowl Bottom with Inscription "Joy"

明

1996 年越秀区中山五路明代六脉渠遗址出土

足径 4.6、残高 2.7 厘米

514. "善"字青花瓷碗底

Blue and White Porcelain Bowl Bottom with Inscription
"Kindness"

明

1996 年越秀区中山五路明代六脉渠遗址出土

足径 5、残高 3.1 厘米

515. 仙鹤纹青花瓷碗

Blue and White Porcelain Bowl with Crane Patterns

明

1996 年越秀区中山五路明代六脉渠遗址出土

口径 20、底径 13、高 3.5 厘米

516. 青花执壶

Blue and White Porcelain Ewer

明

1996 年越秀区中山五路明代六脉渠遗址出土

口径 4.8、腹径 12、足径 7.6、高 20.5 厘米

⊙ 布政使司署

　　明清时期，广州一直都是广东省城。明代，广东承宣布政使司作为省内最高民政机构，位于今北京路以东、中山四路以北。出土的明代墨书"广东布政司"瓦，是广东承宣布政使司署所在的重要物证。清沿明制，布政使司署仍驻广州，广东巡抚和两广总督（清初曾短暂驻节肇庆）亦设在广州，广州成为南方政治、经济、文化中心。

南越国宫署遗址明清布政司署遗迹　　　　　　　　　　　　明代墨书"广东布政司使"瓦

海贸独秀

　　明初，政府在广州设广东市舶提举司管理海外贸易，并设怀远驿于广州西关十八甫，有房屋 120 间，专门用于接待外国贡使和蕃商。嘉靖二年（1523 年），明朝政府罢福建、浙江市舶司，独留广东市舶司，直至明末。清代，乾隆二十二年（1757 年）颁布"一口通商"上谕，广州垄断海外贸易至第一次鸦片战争结束。

☉ 一口通商

　　广州"一口通商"后，十三行负责中外贸易并管理约束外商。清乾隆四十二年（1777 年）在今人民路开辟十三行路，由此确定了十三行商馆区的范围：北以十三行街为界，南以珠江岸为界，东以西濠为界，西以联兴街为界。西方商人参与了商馆的重建工作。

⊙ 南海神庙明清码头遗址

2005～2006 年在南海神庙西南、浴日亭所在章丘南侧考古发现一处完整的明代码头遗址，长 125 米，以红砂岩砌边，有步阶伸入水面。南海神庙正门"海不扬波"牌坊前发现清代码头基址。庙前码头遗址的道路两侧分布着许多火烧土坑，用于焚烧祭祀品，出土了很多与祭神有关的用具，如青花小酒具和玉石边角料等。

南海神庙清代码头遗址

清代码头道路两侧的烧祭坑

南海神庙明代码头遗址

明代怀远驿

黄埔帆影版画（威廉·哈金斯 1835 年）

清代木船出土场景

⊙ 怀远驿

明初政府颁布海禁政策，实行朝贡贸易。永乐年间在广州西关十八甫专设怀远驿，有房屋 120 间，用于招待外国贡使和蕃商。

⊙ 黄埔古港

宋元以来，因上游泥沙不断汇入、淤积，广州城外的珠江航道日益淤塞。明清时期，广州城的外港移至城东南约 10 千米的黄埔村一带。外国商船在此停泊，再由小船将货物运送入城。

繁忙的黄埔港见证了 18 ~ 19 世纪初广州对外贸易的繁盛时期。

⊙ 清代木船

2014 年，考古人员在北京路天字码头附近的工地清理出三艘清代木船。木船结构特殊，船头尖细，舱壁肋骨混合使用，属长狭型快速船。其中 2 号船最大，残长 19.2、中间宽约 3 米。这是广州历史城区首次发掘出土古船，是珠江岸线变迁的重要物证，也为研究广东的造船工艺提供了重要实物资料。

⊙ 瓷器外销

龙泉器

　　龙泉窑位于浙江龙泉，其生产的瓷器除供内销外，还大量外销，在今日本、菲律宾、印度、埃及等地均有出土。龙泉窑瓷器是明清外贸之大宗，广东也有仿烧。2016 年，越秀区泰康路工地考古发现大量仿龙泉青瓷器和火照等烧窑用具，多是广东惠州白马窑的产品。

2010 年旧广州铸管厂地块明宣德四年（1429 年）墓 M55 龙泉青瓷碗出土现场

①

517. 青瓷碗

Celadon Bowls

明

2010 年荔湾区西湾路旧广州铸管厂地块 M55 出土

①印花青瓷碗：口径 15.5、足径 7、高 7.5 厘米

②划花莲瓣纹青瓷碗：口径 14、足径 6.2、高 7 厘米

　　两件青瓷碗同出于一座砖石合构墓中，墓内随葬砖券一方，朱书券文中有"大明国……宣德四年"的纪年文字，宣德四年为 1429 年，为瓷器断代提供了确凿证据。

②

518. 划花菊瓣纹青瓷碗

Celadon Bowl with Engraved Chrysanthemum Patterns

明

2015 年越秀区泰康路工地出土

口径 14.5、足径 6.1、高 6.3 厘米

仿龙泉风格。

519. 划花菊瓣纹青瓷碗

Celadon Bowl with Engraved Chrysanthemum Patterns

明

2015 年越秀区泰康路工地出土

口径 13.9、足径 6、高 6.6 厘米

仿龙泉风格。釉色青翠莹润，外壁刻划细密菊
瓣纹。内底碗心有一"福"字铭文。

520. 划花菊瓣纹青瓷碗
Celadon Bowl with Engraved Chrysanthemum Patterns

明

2015 年越秀区泰康路工地出土

口径 14.7、足径 6.5、高 5.4 厘米

521. 划花菊瓣纹青瓷碗
Celadon Bowl with Engraved Chrysanthemum Patterns

明

2015 年越秀区泰康路工地出土

口径 14.2、足径 5.8、高 5.6 厘米

　　该遗址出土有部分瓷碗碗心有一洞，如人刻意为之，可能是作为火照（窑具）使用。

⊙ 青花瓷

青花瓷是我国古代瓷器的一个重要品种，又
称白地青花瓷。氧化钴烧成后呈蓝色，具有着色
力强、发色鲜艳、呈色稳定、烧成率高的特点。
明清时期，大量青花瓷器经广州销往国外。广州
考古发掘出土的青花瓷有一部分的器形及纹样与
南澳一号出水瓷器极为相似。

2010 年"南澳一号"沉船出水瓷器上的高仕纹样

522. 高仕图青花瓷碟

Blue and White Porcelain Plate with Image of Official

明

1996 年越秀区中山五路地铁站工地出土

口径 13.6、足径 6.5、高 3.1 厘米

纹饰寓意高官（官帽）厚禄（后鹿）。

523. 高仕图青花瓷碟

Blue and White Porcelain Plate with Image of Official

明

2007 年越秀区文明路骏文雅苑工地出土

足径 6.2、高 2.4 厘米

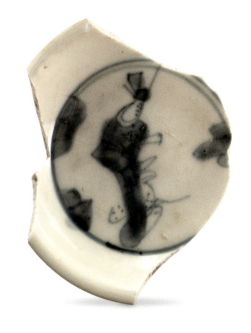

524. 豆青花卉纹青花瓷盘

Blue and White Porcelain Plate with Bean Green Glaze

清

2013 年荔湾区恩宁路广东粤剧艺术博物馆工地出土

口径 14.9、足径 8、高 2.3 厘米

525. 豆青花卉青花瓷盏

Blue and White Porcelain Cup with Bean Green Glaze

清

2013 年荔湾区恩宁路粤剧艺术博物馆工地出土

口径 10.1、足径 3.5、高 3.7 厘米

526. 青花瓷碗

Blue and White Porcelain Bowl

明

1994年越秀区先烈南路大宝岗出土

口径12、足径7.2、高9厘米

527. 青花瓷盘

Blue and White Porcelain Plate

清

2014 年越秀区北京路 17-65 号工地出土

口径 17.6、足径 10.6、高 2.9 厘米

528. 青花瓷盘

Blue and White Porcelain Plate

清

2014 年越秀区北京路 17-65 号工地出土

口径 12.5、足径 6.9、高 2.1 厘米

广东梅州大埔光德窑生产很多类似产品。

⊙日式风

2013 年在长堤大马路金融街综合楼工地考古出土了大量日常生活用瓷，包括杯、碗、碟、盘等。瓷器多数来自汕头窑，亦有部分产自景德镇，此外还有不少瓷器带有日本风格。多数瓷器保存完整，成堆出土，无使用痕迹，有可能是经由广州再运往他处。遗址位于长堤大马路原大三元酒家地块，地处明清广州城新城以南、珠江北岸，南面与海珠石（今新堤二横路一带）隔水相望。根据历史文献和地图资料，此处在清晚期或有专供陶瓷器运输的码头。

529. 豆青山水仕女纹青花瓷盘

Blue and White Porcelain Plate with Image of Japanese Lady

清

2013 年越秀区长堤大马路金融街综合楼工地出土

口径 13、足径 7.8、高 2.4 厘米

530. 彩绘仕女花卉纹瓷碟

Painted Porcelain Plate with Image of Japanese Lady

清

2013 年越秀区长堤大马路金融街综合楼工地出土

口径 10.7、足径 5.9、高 2 厘米

531. 彩绘仕女花卉纹瓷碟

Painted Porcelain Plate with Image of Japanese Lady

清

2013 年越秀区长堤大马路金融街综合楼工地出土

口径 10.6、足径 6.1、高 1.8 厘米

　　长堤大马路建于 1903 年，工地位于长堤大马路北侧。所以这批瓷器的绝对年代早于 1903 年，又根据器物类型学分析可知应是清末同治、光绪时期之物。这批具有日本典型装饰风格的瓷器，很可能是日本明治时期（1868 ～ 1911 年）濑户（日本本州中南部陶瓷工业城市）、多治见市（日本中部城市，以美浓烧闻名于世）生产的，在日本国内与中国、东南亚地区都比较流行。碟内采用铜版反转贴花工艺，纹饰精细美观。

532. 青花小碟

Blue and White Porcelain Plate

清

2013 年越秀区长堤大马路金融街综合楼工地出土

口径 7.7、足径 4、高 2.2 厘米

533. 贴花瓷杯

Porcelain Cup with Flower Patterns

清

2013 年越秀区长堤大马路金融街综合楼工地出土

口径 8、足径 3.5、高 6.1 厘米

534. 贴花瓷杯

Porcelain Cup with Flower Patterns

清

2013 年越秀区长堤大马路金融街综合楼工地出土

口径 7.1、足径 3、高 4.8 厘米

535. 彩绘蝶纹花口盘
Painted Porcelain Plate with Foliate Rim

清

2013 年越秀区长堤大马路金融街综合楼工地出土

口径 17.8、足径 10.1、高 6.3 厘米

536. 彩绘海棠纹瓷盘

Painted Porcelain Plate with Crabapple Blossom Patterns

清

2013 年越秀区长堤大马路金融街综合楼工地出土

口长径 21.1、足长径 13.2、高 4.7 厘米

537. 彩绘蝴蝶花卉纹花口瓷盘

Painted Porcelain Plate with Foliate Rim and Patterns of Flower and Butterfly

清

2013 年越秀区长堤大马路金融街综合楼工地出土

口径 12.6、足径 8.7、高 3.9 厘米

538. 青花园林狮戏纹瓷盘

Blue and White Porcelain Plate with Patterns of Playing Lion

清

2013 年越秀区长堤大马路金融街综合楼工地出土

口径 12.8、足径 7.6、高 2.7 厘米

539. 囍字纹青花瓷碗

Blue and White Porcelain Bowl with "囍" Patterns

清

2013 年越秀区长堤大马路金融街综合楼工地出土

口径 14、足径 5.6、高 5.5 厘米

应为广东梅州高陂窑产品。

民俗民风

⊙ 青花映世 —— 饮食

　　广州出土青花瓷主要集中于明清时期，同时出土的还有墨彩、五彩等瓷器。大量出现的喜铭瓷器反映了人们对美好生活的向往，而清末民初碗、盘内底刻写姓氏的做法则反映了农村祭祀聚餐或办理红白喜事时互借餐具，刻写姓氏以方便找回的民俗。蘸汁器的出土说明广州作为前沿城市最先开始接收外国生活习惯的影响。

540. 青花瓷碗

Blue and White Porcelain Bowl

明

1996 年越秀区中山五路地铁站工地出土

口径 12.8、足径 4.5、高 6 厘米

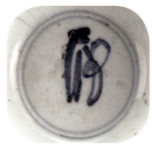

541. 宝杵纹青花瓷碗

Blue and White Porcelain Bowl with Vajra Patterns

明

1996 年越秀区中山五路地铁站工地出土

口径 13.3、足径 5.5、高 6.6 厘米

542. 团花法螺杂宝纹青花瓷碗
Blue and White Porcelain Bowl with Buddhist Themes

清

2014 年越秀区东风西路小学工地出土

口径 13.8、足径 6、高 6.9 厘米

543. 缠枝花卉纹青花瓷碗
Blue and White Porcelain Bowl with Patterns of Interlocking Branches and Flowers

清

2014 年越秀区北京路 17—65 号工地出土

口径 11.2、足径 5.1、高 5.4 厘米

花押款

544. 红釉青花瓷碗
Red-glazed Blue and White Porcelain Bowl

清

2014 年越秀区北京路 67—107 号工地出土

口径 11.4、足径 5、高 5.6 厘米

545. 开光松菊兔纹青花瓷盘

Blue and White Porcelain Plate with Pine, Chrysanthemum and Rabbit Patterns

清

2014 年越秀区北京路 17-65 号工地出土

口径 12.9、足径 7.8、高 2.3 厘米

日本瓷。

546. 青花釉里红鹊鸟登梅纹盘

Blue and White Porcelain Plate with Patterns of Red Magpies on Plum Branches

清

2013 年越秀区长堤大马路金融街综合楼工地出土

口径 24.9、足径 15.8、高 4 厘米

　　盘背有细密的六组铜钉补瓷的痕迹。铜补工艺，今天已非常少见，符合中国人民实用、惜物的精神。

547. 五彩双喜花卉纹白瓷盘

White Porcelain Plate with Colored Flower Patterns

清

2014 年越秀区东风西路小学工地出土

口径 14.9、足径 8.5、高 3.1 厘米

"大清嘉庆年制"

548. 人物故事纹"连城城 玉清玩"款青花瓷碗

Blue and White Porcelain Bowl of Character and Story Theme

清

1999 年越秀区越华路越秀区政府工地出土

口径 13.4、足径 6、高 5 厘米

549. 青花瓷盘

Blue and White Porcelain Plate

清

2014 年越秀区北京路工地出土

口径 17.6、足径 9.8、高 2.6 厘米

"大清嘉庆年制"

550. 鱼纹青花瓷盘
Blue and White Porcelain Plate with Fish Pattern

明

1996 年越秀区中山五路地铁站工地出土

口径 13.8、足径 8、高 3.4 厘米

551. 青白瓷高足杯
Bluish White Porcelain Stem Cup

明

1996 年越秀区中山五路地铁站工地出土

口径 6.7、足径 3.2、高 6 厘米

552. 墨彩瓷壶

Ink Colored Porcelain Pot

清

2014 年越秀区北京路 17-65 号工地出土

口径 3.8、底径 6.4、高 11 厘米

"同治年制"

553. 白瓷蘸汁器

White Porcelain Sauce Container

清

2014 年越秀区北京路 17-65 号工地出土

口残长 20.1、宽 10、高 8.8 厘米

　　蘸汁器，又称汁斗，明显和中国传统器物造型有别，是为了适应西餐的使用而生产的。这件器物残，一端应附耳形柄，另一端为流口，用于盛肉类的酱汁。

饮茶

　　明清时期，中国茶文化日益演进，饮茶方式从煎、煮逐步向沸水冲泡发展。泡茶工具推陈出新，紫砂壶以良好的透气性风靡大江南北。执壶退出饮茶历史，专作为酒器。不过，绝大多数农村地区仍流行大壶煮茶，大碗喝茶的饮茶习惯。

554. "清德堂" 款紫砂壶

Purple Clay Teapot with Inscriptions "Qingde Tang"

清

2004 年越秀区广卫路停车场工地出土

口径 7.7、腹径 13.5、底径 8、高 11 厘米

"清德堂"

555. "孟臣" 款紫砂壶

Purple Clay Teapot with Inscriptions "Mengchen"

清

2014 年越秀区北京路 17–65 号工地出土

口径 5.9、腹径 9.4、足径 5.9、高 6.2 厘米

"月光如水 水如天 孟臣制"

556. 铅壶

Lead Ewer

清

2013 年越秀区文明路文园大厦工地出土

口径 9.1、腹径 11.4、足径 8.3、高 14.5 厘米

557. "太原郡志" 款青白瓷杯
Bluish White Porcelain Cup with Inscriptions "Taiyuanjun Zhi"

明

1996 年越秀区中山五路地铁站工地出土

口径 6.2、足径 3.7、高 4.4 厘米

"太原郡志"

558. 黄釉陶四耳壶
Yellow-glazed Pottery Pot with Four Ears

清

2014 年越秀区北京路 67-107 号工地出土

口径 5.5、腹径 9.6、足径 6.8、高 9.8 厘米

559. 红釉开光墨彩瓷杯
Red-glazed Porcelain Cup with Ink Color

清

2014 年越秀区北京路 17-65 号工地出土

口径 9.9、足径 3.8、高 5.8 厘米

"同治年制"

560. 青花瓷罐
Blue and White Porcelain Jar

明

1985 年海珠区赤岗 M1 出土

口径 5.2、腹径 10.3、足径 5.7、通高 14.5 厘米

生活用具

　　广州发掘出土的明清生活用具非常丰富，有掏耳勺、拔毛器、灯台、壁挂、药壶、药碾、虎子等等，还有各种装饰品、把玩器具等。

561. 三足雕花石瓶

Tripod Stone Vase with Flower Patterns

民国时期

2007 年越秀区文明路骏文雅苑工地出土

口径 2.3、高 15.7 厘米

562. 红釉陶灯

Red-glazed Pottery Lamp Holder

清

2013 年越秀区文明路文园大厦工地出土

口径 6.6、高 14.5 厘米

563. 青花瓷挂瓶
Blue and White Porcelain Wall Vase

清

2013 年荔湾区恩宁路粤剧艺术博物馆工地出土

厚 2.4、高 15.6 厘米

　　饰蕉叶纹、缠枝花纹等，背部有五孔，用于挂壁。

564. 酱釉荷叶形器座
Brown-glazed Stand in the Shape of Lotus Leaf

清

2013 年荔湾区恩宁路粤剧艺术博物馆工地出土

口径 4、高 5.5 厘米

565. 黄绿釉桃形饰件
Peach-shaped Ware with Yellow and Green Glaze

清

2013 年荔湾区恩宁路粤剧艺术博物馆工地出土

高 5.8 厘米

　　形似桃，表面贴塑梅枝，蒂部穿孔。

566. 酱釉陶壁炉挂饰
Brown-glazed Pottery Wall Burner

清

2014 年越秀区北京路 17-65 号工地出土

口径 3.6、足径 5.5、高 10.6 厘米

567. 墨彩瓷盒盖
Ink Colored Porcelain Cover

清

2014 年越秀区北京路 17-65 号工地出土

口径 11.8、高 4.2 厘米

568. 白瓷盒
Covered White Porcelain Box

清

2014 年越秀区北京路 17-65 号工地出土

口径 5.3、足径 5.9、通高 7.5 厘米

569. 花卉纹青花瓷鸟食罐

Blue and White Porcelain Bird Feeder with Flower Patterns

清

2014 年越秀区北京路 17-65 号工地出土

口径 4、腹径 5.6、高 6.4 厘米

570. 折枝纹青花鸟食瓷罐

Blue and White Porcelain Bird Feeder with Leaf Patterns

清

1999 年越秀区越华路越秀区政府工地出土

口径 4.7、腹径 6.6、高 4.7 厘米

571. 陶药罐

Pottery Medicine Jar

清

2014 年越秀区德政中路无着庵工地出土

口径 7.2、腹径 12.2、底径 7.5、高 11.5 厘米

572. 青花瓷三足炉

Blue and White Porcelain Tripod Censer

清

2011 年越秀区惠福西路南粤先贤馆工地出土

口径 21.2、足径 17.6、高 12.2 厘米

573. 金束发冠、金耳坠

① Golden Hairdo Crown ② Golden Eardrops

明

2003 年番禺区茅山岗 M2 出土

发冠：长 11.96、宽 3.77 厘米，重 12.4 克

耳坠：高 5 厘米，重 10 克

　　如意形牡丹纹凤鸟金束发冠和一对葫芦形金耳
坠均为墓主人的头部饰品。根据出土墓志可知墓主
人于嘉靖二十六年（1547 年）去世。

574. 铜镜
Bronze Mirror

明

2003 年番禺区小谷围大香山 M6 出土

直径 18、缘厚 1.21 厘米

575. 玉簪、玉指环
Jade Hairpin, Jade Ring

明

2003 年东山区执信中学工地 M0144 出土

簪：长 10、宽 1.3、厚 0.25 厘米

指环：直径 2.1、厚 0.1 厘米

翠玉。玉簪体宽扁，一端弯曲，一端收尖，近顶端刻一"寿"字。

576. 玉佩
Jade Pendant

明

2002 年天河区员村岗顶采集

长 5、宽 2.4、厚 0.4 厘米

一半穿空，一半单面浮雕一只蝴蝶，双眼镂孔，双翅及腹部纹路以短线刻划。尾后凿卷云形孔，以系绳，原配有一绳。

577. 木屐
Clog

清
2014 年越秀区盘福路市第一人民医院工地出土
长 24.8、宽 8.5、高 3.7 厘米

　　木屐有着 2000 多年的历史，直到中华人民共和国成立前，广州平民百姓外出时仍多穿木屐，小康人家则只在家里穿着。这只木屐为右脚穿着，底部磨损严重，明显外高内低，说明主人走路习惯内侧用力。

578. 石磨
Stone Grinder

清
2004 年越秀区广卫路停车场工地出土
直径 18、高 10.2 厘米

☉ 出仕之路 —— 文化

明中叶以来，广东文教水平渐与北方比肩，主流文化在此普及推衍，并渗透到岭南经济和社会发展之中。广东宗族制度发展成熟，有力地推动着地方教育的发展，通过"宗族建构—科举入仕—族产经营"的发展模式，塑造了广府文化"亦商亦儒"的文化个性。

579. "状元及第" 青花瓷笔舔

Chinese Brush Wiper with Inscriptions "Score Top in the Imperial Examination"

清

2007 年越秀区文明路骏文雅苑工地出土

口径 5.9、底径 2.3、高 1.6 厘米

　　笔舔（tiàn）又称笔砚或笔觇（chān），用于验墨浓淡或理顺笔毫。

580. 绿釉陶笔舔

Green-glazed Pottery Chinese Brush Wiper

清

2013 年越秀区惠福西路南粤先贤馆工地出土

口径 7.3、底径 3、高 3.3 厘米

581. 青花瓷笔插

Blue and White Porcelain Pen Holder

清

2014 年越秀区北京路 17-65 号工地出土

长 8.3、宽 4.5、高 2.7 厘米

582. 酱釉陶状元灯

Brown-glazed Pottery Lamps with Top Scorer Figurines

清

2014 年越秀区北京路 17-65 号工地出土

口径 7.2、足径 7.5、高 13.5 厘米

583. "状元及第"铜钱
"Zhuangyuan Jidi" Copper Coin

清

2015 年越秀区中山四路与德政中路交叉口地块出土

直径 2.5、厚 0.2 厘米

这类铜钱又称借口钱或花钱，相当于现在的纪念币，一般用于玩赏、装饰、节庆、馈赠、纪念、镇邪、祈福等。

584. 彩绘桶型陶水滴
Colored Pottery Water Dropper

清

2015 年越秀区中山四路与德政中路交叉口地块出土

上径 4.1、足径 3.5、高 4.6 厘米

585. 镂空青花瓷小盂
Blue and White Porcelain Fretwork Jar

明

1996 年越秀区中山五路地铁站工地出土

口径 7.3、腹径 8.8、足径 5、高 7.5 厘米

As birthplace of the modern democratic revolution, Guangzhou has left so many imprints from the First Opium War at the beginning of modern Chinese history, and the bourgeois democratic revolution led by Sun Yat-sen, to the first cooperation between the National Party and the Communist Party. The archaeological exploration and excavations bring to light some of the modern historical traces that were partly destoryed by artillery fire or forgotten in the long river of history, and tell us about that magnificent past.

第四部分 近代沧桑（近现代）

Modern Changes（Modern Times）

　　广州是近现代民主革命的策源地，从第一次鸦片战争到孙中山领导的资产阶级民主革命再到第一次国共合作，留下了丰富的印迹。考古勘探和发掘，让毁于炮火或湮没在历史尘埃的部分近代史迹重现天日，为我们讲述那段波澜壮阔的历史。

海防城防

第一次鸦片战争后，清政府广东当局不断加强珠江两岸的军事防御建设，陆续展开大规模的炮台修建工程。近年来，广州市文物考古研究院积极开展广州城防史迹调查、勘探、发掘和研究工作，取得重要成果。

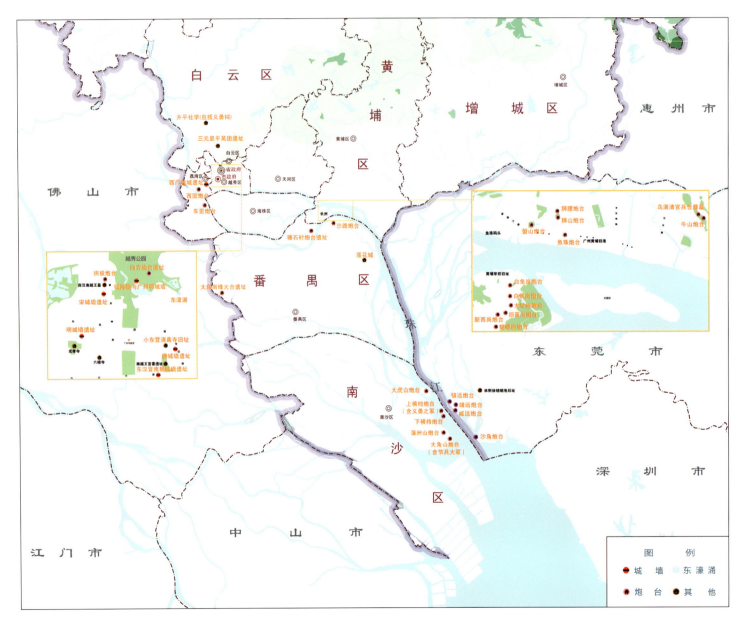

广州城防史迹分布示意图

清光绪十年（1884年）广州省城海防图

⊙ 沙路炮台

位于番禺区化龙镇沙亭村，2016 年发掘。炮台由 9 座炮台和相关设施组成，具有密集的排水网和独立的交通补给网，是一个独立的、较复杂的防御体系，出土遗物同时证明其是清光绪十年（1884 年）建造的长洲要塞五所炮台之一。

马腰岗 3 号掩体

马腰岗 6 号炮台炮池

沙路炮台出土炮弹现场

沙路炮台之马腰岗 3 号炮台

3 号掩体内发现的"光绪甲申"（1884 年）纪年灰塑建筑构件三维扫描

⊙ 牛山炮台

位于黄埔区文冲社区牛山炮台公园内，光绪九年（1883年）始建。2017年进行考古调查勘探。炮台自东北向西南分布在整个牛山的山顶平台，由7个炮池及相连接的巷道、排水沟、蓄水池等组成。

6号炮池

1号炮池

5号炮池

故居旧址

　　一些代表性的近现代旧址和故居，通过考古工作清理出来，为后期的保护、修缮和展示工作提供了科学依据。

1996 年黄埔军校本部旧址考古发掘现场

重建的黄埔军校校本部

2007 年十香园旧址考古勘查清理现场

2006 年中共第三次全国代表大会会址
发掘现场及保护展示现状

Conclusion

In Guangzhou, Baiyun Mountain stands firm and Pearl River smoothly flows.

In ancient times, wading through the long river of history, Guangzhou had nourished a wonderful culture with continuous progress and flourishment on this land.

In modern times, always open and inclusive to changes and opportunities, Guangzhou has been playing an active role in the development of our world.

The study of archaeology brings the unique memory for Guangzhou back to life. Guangzhou, a city established more than 2,200 years ago but first settled down by people 6,000 years ago, awaits further exploration and protection on its abundant cultural heritage.

结 语

···■

云山耸立，珠水长流。

古老的广州，走过历史的长河，历经岁月、饱受沧桑，留下了
延绵不断的城市印迹，孕育了悠久深厚的历史文化。

开放的广州，沿着浩荡的珠江，扬帆通海、走向世界，积淀了
开拓交流的文化基因，铸就了多元包容的城市特质。

考古，令"广州记忆"更加清晰，让"广州故事"更加精彩。
6000年的人文积累，2200多年的城市文脉，等待我们去进一步发掘、
保护、研究、传播和传承。

编后记

　　本图录是南汉二陵博物馆丛书的第二本，在南汉二陵博物馆基本陈列"云山珠水间——考古发现的广州"基础上编撰而成。

　　南汉二陵博物馆是依托全国重点文物保护单位南汉二陵（康陵）建设的遗址类专题博物馆，2014 年正式立项，2015 年动工建设。南汉康陵自 2003 年发掘以来一直由广州市文物考古研究院管理。大约在 2014 年底，院领导就组织院内专业人员开始谋划南汉二陵博物馆的陈列展览，明确了南汉历史文化和广州考古成果两个基本陈列主题。广州考古成果展览是基于我院承担广州地区考古调查勘探和发掘工作取得了比较显著的成绩，很有必要借助博物馆平台进行展示传播，与观众分享考古发现的广州历史和人文故事。

　　展览主题明确后，如何策划？如何摆脱"考古精品陈列"的刻板印象？如何用考古成果为观众讲述生动的广州故事？对于一群考古专业人员来说，是一个不小的难题。为此，韩维龙、朱海仁两位院领导牵头，成立展览筹备工作组，一方面赴国内兄弟城市考察学习，另一方面紧紧依靠专家指导。王芳、邓炳权、李卫平、李岩、陈玉环、陈同乐、陈伟安、陈泽泓、陈鸿钧、陈滢、吴凌云、肖洽龙、肖海明、黄海妍、程旭、龚伯洪、魏峻等诸位专家对展览框架、内容和形式各方面都提出了宝贵意见和建议。原广州市文物考古研究所所长冯永驱先生一直关注并支持博物馆的筹建和展览筹备工作。著名考古学家麦英豪先生作为南汉二陵博物馆项目的主要倡议人，对展览筹备工作给予了亲切关怀和倾力指导。遗憾的是，先生于 2016 年底驾鹤西去，未能亲眼见证博物馆建成开放。

　　展览筹备过程中，广州博物馆、西汉南越王博物馆和南越王宫博物馆（现已合并为南越王博物院）等兄弟单位给予大力支持，借展部分展品或提供便利制作 3D 文物仿制品。广东省博物馆协会为本展览项目提出了宝贵的咨询意见。

　　对以上诸位专家学者的悉心指导、各兄弟单位的大力支持，我们在此表示衷心感谢！

　　展览筹备过程中，我院（馆）全体人员积极参与，或提供资料以夯实展览基础，或共同讨论润色文字，或校对审核英文，或加班加点布展……每个人都是展览的参与者、见证者、贡献者，都体验到了展览策划的不易、布展工作的辛苦，也都收获了展览圆满完成的喜悦，进一步增强了文化遗产传播传承的使命感、责任感。

展览于 2019 年 5 月 17 日开放以来，得到观众朋友的好评和专家同行的认可。富有岭南文化特色、承载广州城市记忆的文物引起大家浓厚的兴趣，而大量的考古场景照片、丰富的文物考古知识、详实的文物出土信息进一步拉近了观众与文物、与考古、与历史之间的距离。不少观众看到自己居住的小区或者曾经就读的母校考古出土的文物，兴奋不已，自豪之情油然而生。同行学者也从展览中发现了新的学术研究素材。4 年来，我们也根据专家和观众朋友的建议，对展览进行优化提升，不断增强展览的可视性、可读性和美观度，李雨珈、王如诗对展览英文部分进行了再校对。展览筹备、施工和优化提升过程中，金大陆展览装饰有限公司十分给力，负责人柳永雷女士全心投入、精心设计，为展览增色。在此表达谢意！

展览图录是展览的又一重要载体，也是基于展览的科研成果。跟展览一样，图录也是集体劳动的成果。展览文字主要由陈馨执笔，院（馆）学术委员会全体委员深度参与、讨论把关。陈馨牵头组织并承担了图录编辑大量工作，李雨珈、肖洵、王如诗、黄婷、郑立华等参与了文字校对、文物尺寸核对、版式校对及颜色调整等繁琐的编务工作。易西兵多次审阅并审定全稿。

本图录的出版得到文物出版社的大力支持。责任编辑彭家宇，文物摄影师张冰以及诸多幕后工作人员付出辛勤劳动。

本图录凝聚了几代广州考古人的心血和汗水，编者虽尽心尽力，但囿于学识和能力，难免有错漏之处，还祈请诸方家批评指正。

编　者

2024 年 4 月